国家职业技能鉴定理论知识考试复习指导丛书

修脚师

（高级）

劳动和社会保障部
职业技能鉴定中心　组织编写

中国财政经济出版社

图书在版编目（CIP）数据

修脚师：高级/劳动和社会保障部职业技能鉴定中心组织编写.
—北京：中国财政经济出版社，2004.3
（国家职业技能鉴定理论知识考试复习指导丛书）
ISBN 7-5005-7127-5

Ⅰ.修…　Ⅱ.劳…　Ⅲ.足—保健—职业技能鉴定—自学参考资料　Ⅳ.TS974.1

中国版本图书馆 CIP 数据核字（2004）第 017010 号

中国财政经济出版社出版
URL：http：//www.cfeph.com.cn
E—mail：cfeph@drc.gov.cn

社址：北京海淀区阜成路甲 28 号　邮政编码：100036
发行处电话：88190406　财经书店电话：64033436
北京富生印刷厂印刷　各地新华书店经销
850×1168 毫米　32 开　3.375 印张　64 000 字
2004 年 4 月第 1 版　2004 年 4 月北京第 1 次印刷
印数：1—3000　　定价：16.00 元
ISBN 7-5005-7127-5/TS·0129
（图书出现印装问题，本社负责调换）

国家职业技能鉴定理论知识考试复习指导丛书

编审委员会

修脚师

（高级）

主　　编：余光宇

副 主 编：屈永春

编写人员：郑全德　余光宇　屈永春　刘景玉

审定人员：李玉奇　张桂华　于　庆　刘　岐

前　言

为提高职业技能鉴定质量，维护国家职业资格证书的权威性，按照《职业技能鉴定规定》要求，国家职业技能鉴定实行统一命题。为此，劳动和社会保障部组织开发建设了职业技能鉴定国家题库（以下简称“国家题库”），全国各地、各行业有关专家参与了国家题库开发工作，1999 年国家题库正式启用。目前各省、自治区、直辖市地方分库和部分行业分库作为国家题库运行管理机构，也经过劳动和社会保障部认证，陆续开始运行。

根据劳动和社会保障部《关于启用职业技能鉴定国家题库的通知》，各地区、各部门在组织进行国家题库中已有职业（工种）鉴定时，必须从国家题库中提取。

为配合国家题库运行、使用，便于培训机构有效地组织培训，帮助考生了解国家题库，使他们能够有针对性地进行考前复习准备，劳动和社会保障部职业技能鉴定中心组织参与国家题库开发的命题专家，编写了与国家题库理论知识题库配套的《国家职业技能鉴定理论知识考试复习指导丛书》（以下简称《复习指导丛书》），并根据国家题库开发进度陆续出版发行。

在1999年版基础上，我们对《复习指导丛书》进行了修改补充。为帮助考生了解职业技能鉴定理论知识考试的内容、范围、考试形式和试卷结构，使考生在复习和应考时心中有数，有的放矢，目前《复习指导丛书》由“国家题库简介与复习要求”、“理论知识考试重点”、“理论知识考试复习指导”、“理论知识试题精选”和“理论知识试卷样例”等五个部分组成。书中介绍了国家题库的命题依据、试卷结构和题型题量，公布了近几年职业技能鉴定的重点内容，讲解了理论知识复习重点或难点，同时直接从国家题库中抽取部分理论知识试题和试卷样例供考生参考、练习。因此，《复习指导丛书》对广大参加职业技能鉴定的考生有重要的参考价值，是理论知识考前复习必备用书。《复习指导丛书》内容还将根据国家题库的不断更新，逐步进行补充、完善。

由于时间仓促，缺乏经验，难免有不足之处，恳请各使用单位和个人提出宝贵意见和建议。

《国家职业技能鉴定理论知识考试复习指导丛书》

编审委员会

2003年6月

目　录

第一章 国家题库简介及复习要求

一、国家题库简介

（一）什么是国家题库

◎ 全称是“职业技能鉴定国家题库”；

◎ 劳动和社会保障部组织开发的用于全国职业技能鉴定的统一题库；

◎ 全国职业技能鉴定在进行国家题库中已有职业的考试或考核时，一律使用计算机从国家题库中抽取试题，组成试卷。

（二）国家题库权威性

◎ 由劳动和社会保障部组织专家开发；

◎ 本职业领域全国高水平专家参与命题。

（三）为什么要建立职业技能鉴定国家题库

◎ 有利于规范全国职业技能鉴定行为，保证职业技能鉴定质量；

◎ 有利于统一全国职业技能鉴定水平，为从业者择业、就业提供公平、客观的能力水平评价。

（四）国家题库的主要内容

◎ 理论知识题库每个职业含几千道试题。考试复习时可参考《国家职业技能鉴定理论知识考试复习指导丛书——修脚师（高级）》；

◎ 操作技能题库根据职业特点，由涉及职业活动领域的若干试题组成。试题通过《职业技能鉴定国家题库——修脚师（高级）操作技能考试手册》向全社会公布。

二、试题试卷简介

（一）命题依据

◎ 劳动和社会保障部 2003 年颁布的修脚师《国家职业标准》；

◎ 劳动和社会保障部组织编写的修脚师《国家职业资格培训教程》；

◎《理论知识鉴定要素细目表》明确了理论知识考试的具体内容。

（二）命题原则

◎ 反映本职业《国家职业标准》要求；

◎ 强调本职业实际工作中必备的知识；

◎ 不出偏题、怪题和难题。

（三）试题类型

理论知识考试采用标准化试卷，即每个级别考试试卷分为“选择题”和“判断题”两大类，满分 100 分。

◎“选择题”160 题，每题 0.5 分，共占 80 分；

◎“判断题”40 题，每题 0.5 分，共占 20 分。

（四）答题时间

按《国家职业标准》，理论知识考试时间为 90 分钟。

（五）答题要求

◎ 选择题为四选一题型，即试题中给出的四个选项中，只有一项为正确选项。纸笔考试时，按要求在试题前面的括号中，填写正确选项的字母；

◎ 判断题采用纸笔考试时，根据对试题的分析判断，在括号中画“√”或“×”；

◎ 采用答题卡答题时，按要求，直接在答题卡相应的答案处涂色即可；

◎ 采用计算机考试时，按要求，点击选定的答案即可。

具体答题要求，在考试前，考评人员会做详细说明。

（六）试卷生成方式

◎ 国家题库采用计算机自动生成试卷：即计算机按照本职业的《理论知识鉴定要素细目表》，从题库中随机抽取相应试题，组成试卷；

◎ 这种组卷方式，避免了以往人为影响试卷难度和试卷内容范围的倾向；

◎ 试卷的题型、题量和所涉及的范围保持相对稳定；

◎ 有利于考生把握复习的要点和重点。

三、复习注意事项

（一）阅读《国家职业技能鉴定理论知识考试复习指导丛书》（以下简称《丛书》），理解其中各项内容

◎《丛书》向考生提供了鉴定考核的重点内容，对考生把握重点、理解难点提供了详略得当的具体指导；

◎ 书中的试题精选和试卷样例均是从国家题库中抽取的，直接反映了考试内容的特点和题型特征；

◎ 考生可以了解国家题库考试重点和试题试卷特点，掌握要领，心中有数。

（二）抓住重点，全面复习

◎ 职业技能鉴定的基本目标就是为了提高劳动者素质；

◎ 职业技能鉴定以基础和必备的知识或能力考核为主要出发点和归宿；

◎《理论知识鉴定要素细目表》是《国家职业标准》的细化，是命题的直接依据；

◎ 考生在复习中要善于抓住重点，进行全面复习，对基本要领要记忆准确、理解透彻、运用熟练，并且还要在复习范围的“广”字上下功夫；

◎ 考生应对本书中的试题精选和试卷样例进行认真做答和练习，如果发现自己哪一题解答有困难，应该立即检查，发现问题所在，及时解决每个难点和问题。

（三）降低焦虑水平，做好心理调节

◎ 影响个人在考场上心理状态的因素很多，如当时的心情和身体状况、考试经验以及期待水平等等；

◎ 参加任何一种考试，都应保持良好的心理状态。力戒焦虑，是取得好成绩的关键因素之一；

◎ 需要指出的是：动机水平过高，行为就要受到干扰，也就是说，如果太想做好某件事，反而可能达不到目标；

◎ 考生应根据自己的实力，订立一个切实可行的期待目标，这是降低考试焦虑水平行之有效的一种方法。

第二章　理论知识考试重点

一、考试重点说明

◎《理论知识鉴定要素细目表》既是国家题库命题和抽题组卷依据，同时也是考试的重点；

◎《理论知识鉴定要素细目表》是按照国家职业标准的结构和内容细化而成，表中的鉴定点就是理论知识考试的知识点；

◎《理论知识鉴定要素细目表》中，每个鉴定点都有重要程度指标，即鉴定点后标注的“X”、“Y”、“Z”。其中：

“X”表示“核心要素”，是考核中最重要、出现频率也最高的内容；

“Y”表示“一般要素”，是考核中出现频率一般的内容；

“Z”表示“辅助要素”，在考核中出现的频率较低。

◎《理论知识鉴定要素细目表》中，每个鉴定内容都有鉴定比重指标，它表示在一份考试卷中该鉴定内容所占的分数比例。例如，某一鉴定内容的鉴定比重为 5，就表示在组成 100 分为满分的试卷中，该鉴定内容所占分值为 5 分。

二、理论知识鉴定要素细目表

修脚师（高级）理论知识鉴定要素细目表

鉴定范围									鉴定点		
一级			二级			三级			代码	名称	重要程度
代码	名称	鉴定比重	代码	名称	鉴定比重	代码	名称	鉴定比重			
A	基本要求（53:00:00）	25	A	职业道德（10:00:00）	5	A	职业道德基本知识（10:00:00）	5	001	职业道德的基本内涵	X
									002	市场经济条件下，职业道德的功能	X
									003	企业文化的功能	X
									004	职业道德对增强企业凝聚力、竞争力的作用	X
									005	职业道德是人生事业成功的保证	X
									006	文明礼貌的具体要求	X
									007	爱岗敬业的具体要求	X
									008	对诚实守信基本内涵的理解	X
									009	办事公道的具体要求	X
									010	勤劳节俭的现代意义	X
			B	基础知识（43:00:00）	20	A	修脚技术发展简史（06:00:00）	2	001	修脚业最早的文献	X
									002	清代修脚代表专著	X
									003	修脚的三大流派	X
									004	河北派的特点	X
									005	山东派的特点	X
									006	江苏派的特点	X
						B	足部解剖知识（37:00:00）	18	001	足骨的组成	X
									002	跗骨的数量	X
									003	跗骨的排列	X
									004	跗骨的名称	X
									005	第五跖骨的特点	X
									006	趾骨的组成	X
									007	趾骨的数量	X
									008	趾骨的特点	X
									009	足部关节的组成	X
									010	足部关节的名称	X
									011	足弓的组成	X
									012	足弓的分部	X
									013	足弓的作用	X
									014	肌肉的种类	X
									015	肌肉的形态	X
									016	肌肉的组成	X
									017	肌肉的功能	X
									018	肌肉的辅助结构	X
									019	滑液囊的作用	X
									020	足的肌肉组成	X

续表

鉴定范围									鉴定点		
一级			二级			三级					
代码	名称	鉴定比重	代码	名称	鉴定比重	代码	名称	鉴定比重	代码	名称	重要程度
									021	足背肌的组成	X
									022	足后侧肌的组成	X
									023	足底肌的组成	X
									024	胫神经的分布	X
									025	腓总神经的分布	X
									026	腓总神经损伤的表现	X
									027	足部血管的组成	X
									028	足部动脉的组成	X
									029	足部静脉的组成	X
									030	下肢静脉的组成	X
									031	足部经络的组成	X
									032	足厥阴肝经的起止点	X
									033	足厥阴肝经的作用	X
									034	足太阴脾经的起止点	X
									035	足太阴脾经的作用	X
									036	足少阴肾经的起止点	X
									037	足少阴肾经的作用	X
			A	接待 (10:10:00)	10	A	咨询 (00:10:00)	5	001	触的含义	Y
									002	直接判断的含义	Y
									003	鉴别判断的含义	Y
									004	脚病的范围	Y
									005	物理性疾病引发的原因	Y
									006	解释有关的专业术语	Y
									007	解答问题时的方法	Y
									008	解答问题时的态度	Y
									009	对脚患初步判断的步骤	Y
									010	对脚患初步判断的方法	Y
						B	判断脚患 (10:00:00)	5	001	蒜皮垫的形状	X
									002	骑马垫的形状	X
									003	骑马垫汗、干脚颜色的差别	X
									004	瓦垄趾甲的形状	X
									005	瘊头趾甲的形状	X
									006	牛角趾甲的形状	X
									007	鹰嘴趾甲的形状	X
									008	肉垫核的形状	X
									009	肉疔的形状	X
									010	肉疔的检查法	X
						A	修整 (32:37:02)	35	001	浸泡蒜皮垫的要求	Z
									002	修治蒜皮垫的持脚法	Z
									003	修治蒜皮垫的刀法	X
									004	拇指支法的概念	X
									005	骑马垫生长在右脚的持脚法	Y
									006	食指支法的概念	Y
									007	骑马垫生长在左脚的持脚法	Y
									008	中指支法的概念	Y

续表

鉴定范围									鉴定点		
一级			二级			三级			代码	名　称	重要程度
代码	名称	鉴定比重	代码	名称	鉴定比重	代码	名称	鉴定比重			
B	相关知识(77:72:02)	75	B	修治(32:57:00)	45				009	双指支法的概念	Y
									010	骑马垫生长在趾缝中间根部的修治法	Y
									011	瓦垄趾甲的持脚法	Y
									012	瓦垄趾甲修治刀法顺序	Y
									013	小卡法的概念	Y
									014	瘊头趾甲的持脚法	Y
									015	瘊头趾甲的刀法顺序	Y
									016	牛角趾甲的刀法顺序	Y
									017	鹰嘴趾甲的刀法顺序	Y
									018	肉垫核的持脚法	Y
									019	肉垫核的刀法顺序	Y
									020	肉疔的刀法顺序	X
									021	支脚法的意义	X
									022	支脚法的分类	X
									023	抢术的分类	Y
									024	抹刀抢的角度	Y
									025	平刀抢的角度	Y
									026	坡刀抢的角度	X
									027	立刀抢的角度	X
									028	盘旋抢的适应病症	Y
									029	平刀抢的适应病症	Y
									030	抹刀抢的适应病症	Y
									031	坡刀抢的适应病症	Y
									032	立刀抢的适应病症	Y
									033	盘旋抢的刀身角度	X
									034	抢术的方向	X
									035	抢术的操作要领	X
									036	抢术的方法	Y
									037	抢通的含义	Y
									038	平刀抢的弧度变化	X
									039	平刀抢刀尖虚实变化	X
									040	抹刀抢刀尖虚实变化	X
									041	立刀抢的步骤	X
									042	里合刀与趾甲面的成角	Y
									043	外合刀与趾甲面的成角	Y
									044	盘旋抢的特点	X
									045	抢术的特点一	X
									046	抢术的特点二	X
									047	抢术的注意事项	X
									048	抢术的特点三	X
									049	平刀抢刀法的弧度	Y
									050	抹刀抢刀法的弧度	Y
									051	坡刀抢刀法的弧度	Y
									052	立刀抢刀法弧度	X

续表

鉴定范围									鉴定点		
一级			二级			三级					
代码	名称	鉴定比重	代码	名称	鉴定比重	代码	名称	鉴定比重	代码	名称	重要程度
									053	盘旋抢刀法弧度	X
									054	抢术的特点四	X
									055	抢术的特点五	X
									056	平刀抢入刀的注意事项	X
									057	抹刀抢入刀的注意事项	X
									058	坡刀抢入刀的注意事项	X
									059	立刀抢入刀的注意事项	X
									060	盘旋抢入刀的注意事项	X
									061	断术的分类	Y
									062	断刀法刀具与趾甲的成角	X
									063	断术的操作要领	Y
									064	劈刀法的含义	Y
									065	劈刀法的应用	Y
									066	劈刀法的分类	X
									067	合刀劈的应用	X
									068	劈法的操作要领	Y
									069	劈刀法的使用	X
									070	平刀抢的注意事项	Y
									071	抹刀抢的注意事项	Y
						B	灸治（00:20:00）	10	001	艾灸的分类	Y
									002	直接灸的分类	Y
									003	瘢痕灸的含义	Y
									004	雀啄灸的含义	Y
									005	雀啄灸艾条与皮肤的距离间隔	Y
									006	隔姜灸姜片的厚度	Y
									007	温和灸的含义	Y
									008	温和灸的时间	Y
									009	温针灸艾条的长度	Y
									010	隔盐灸的含义	Y
									011	雷火神针灸的含义	Y
									012	太乙神针灸的含义	Y
									013	疱疹型脚气的灸法	Y
									014	扁平瘊的灸法	Y
									015	艾叶的功能	Y
									016	艾绒的制法	Y
									017	艾卷的制法	Y
									018	艾柱的制法	Y
									019	糜烂型脚气的表现	Y
									020	灸法的注意事项	Y
						A	培训指导（25:05:00）	15	001	培训计划的内容	Y
									002	意外事故的处理原则	X
									003	伤皮肉事故的处理	X
									004	烫伤事故的处理	X
									005	出血事故的处理	X
									006	血疱事故的处理	X

续表

鉴定范围									鉴定点		
一级			二级			三级			代码	名称	重要程度
代码	名称	鉴定比重	代码	名称	鉴定比重	代码	名称	鉴定比重			
			C	培训(25:05:00)	15				007	晕刀事故的处理	X
									008	接触性皮炎事故的处理	X
									009	修治脚病时的禁忌症	X
									010	不适宜修治脚病的人群	X
									011	教具的制作	X
									012	教案的书写	X
									013	演示磨刀的内容要点	X
									014	演示支脚法的内容要点	X
									015	演示卡脚法的内容要点	X
									016	演示拢攥法的内容要点	X
									017	演示挣推法的内容要点	X
									018	演示捏脚法的内容要点	X
									019	演示初级刀法的内容要点	X
									020	演示器械消毒的内容要点	X
									021	演示足部按摩的内容要点	X
									022	演示中级刀法的内容要点	X
									023	常见脚病修治的教学要点	X
									024	常见脚病的教学要点	X
									025	足部保健的教学要点	X
									026	意外事故防范的教学要点	X
									027	常见脚病的培训目的	Y
									028	足部保健的培训目的	Y
									029	意外事故防范的培训目的	Y
									030	常见脚病修治的培训目的	Y
			D	消毒(10:00:00)	5	A	器械消毒(10:00:00)	5	001	煮沸消毒的时间	X
									002	煮沸消毒的配伍药物浓度	X
									003	光照消毒的原理	X
									004	日光曝晒法的原理	X
									005	化学消毒的种类	X
									006	高效碘酊的浓度	X
									007	高效碘酊的使用步骤	X
									008	戊二醛的浓度	X
									009	戊二醛的适用范围	X
									010	紫外线灯管消毒时间	X

第三章 理论知识考试复习指导

一、基本要求

（一）鉴定要求

高级修脚师的基础知识要求考生掌握职业道德基本知识，了解修脚技术的发展史，掌握人体解剖结构，熟练掌握修脚的基本功。

（二）复习重点难点

1. 修脚业的最早文献是明代的《外科启玄》一书

2. 修脚业的三大流派

修脚技术大体有三派，即河北派、江苏派、山东派，各有其特点。

河北派：以北京城区为中心，全部技术包括修脚、刮脚、搓澡等。就修脚技术一项工作，技术水平较高，从泡脚、修脚的手法操作上比较精细，并以治疗多种脚病为主。这一“派”范围很广，包括华北、东北地区。

江苏派：以扬州为中心，全部技术内容除与河北派相同外，还有捶背、刻花、上蔻丹等技术，比较广泛。同时，各项技术又有其独立性，可以单独作为一个工种。修脚技术也很精细，特别是在刮脚技术上有独到的技巧。这一“派”修脚人员数量最多，主要分布在长江中下游和南方各地。

山东派：以济南为中心，服务技术内容全面广泛包括修脚、刮脚、搓澡、按摩、理发等。修脚人员从修脚到理发，样样都能做。

3. 足部解剖

(1) 跗骨。跗骨每侧 7 块，属于短骨，具有承重并传递弹跳力的作用，跗骨可分为近侧与远侧两列。近侧列包括跟骨、距骨和足骨；远侧列由内向外依次为内侧楔骨、中间楔骨、外侧楔骨和骰骨；距骨高居于其他跗骨之上，跟骨最大，位于距骨下方。

(2) 跖骨。跖骨共 5 块，由内侧向外侧依次命名为第一到第五跖骨，分头、体、底三部。

(3) 趾骨。趾骨共 14 块，踇趾为 2 节，其余各趾均为 3 节。由近至远依次为近节趾骨、中节趾骨和远节趾骨。

(4) 足的关节组成。足的关节由近侧向远侧依次为距骨小腿关节、距跟关节、距舟关节、跟骰关节、楔骰关节、楔舟关节、跖骨间关节、跗跖关节、跖趾关节和趾关节。

关节之间由韧带进行连接。

足部的跗骨、跖骨以及足底的韧带、肌腱共同构成一个凸向上的弓，称足弓，其结构原理如同拱桥，分为纵弓和横弓两部分。

（5）足部肌肉的种类及作用。

肌肉主要可分成骨骼肌、平滑肌、心肌。修脚所涉及的肌肉为骨骼肌。肌肉的形态可分为长肌、短肌、轮匝肌、扁肌四种，四肢以及脚部肌肉多为长肌和短肌，收缩时能产生大幅度的活动。

肌肉或肌腱周围还有一些辅助结构，如深筋膜，为致密结缔组织，包裹在肌肉上。又如滑液囊，内有滑液，位于肌腱与骨面之间，借以减少摩擦。还有腱鞘，是长在长肌腱外面的包裹着的一种滑液囊，呈筒圆形的鞘，也起减少摩擦的作用。

足背肌：包括趾短伸肌和踇短伸肌，均很薄弱，贴在足背，位于趾长伸肌腱的深面。

足后侧肌：主要为踇长屈肌、趾长屈肌、跟腱和腓骨长肌、腓骨短肌。

足底肌：分为内侧群、外侧群及中间群三群。内侧群包括踇展肌、踇短短肌、踇收肌；中间群有趾短屈肌、跖方肌、蚓状肌、骨间肌；外侧群包括小趾展肌和小趾短屈肌。

（6）足部经络及重点穴位。

① 与修脚业较为密切的经络是足三阴经和足三阳经。

足三阴经主要为：足厥阴肝经、足太阴脾经、足少阴肾经；

足三阳经主要为：足阳明胃经、足太阳膀胱经、足少阳胆经。

② 侠溪。取穴：在第四、五趾缝间，趾蹼缘之上方，赤白肉际处。

主治：胁肋痛、颊颌痛、目眩、耳鸣。

③ 昆仑。取穴：外踝最高点和跟腱之中央凹陷中。

主治：下肢瘫痪，腰痛、坐骨神经痛、头痛，踝关节及周围软组织病变。

4. 皮肤的组成

皮肤由表皮、真皮和皮下组织三个部分构成，并含有附属器官（汗腺、皮脂腺、毛发、指甲、趾甲）、血管、淋巴管、神经、肌肉等。

（1）表皮的组成。皮肤的外层即表皮，是复层鳞状上皮，可分为角质层、透明层、颗粒层、棘细胞层及基底层等五层。一般厚度为 0.1—0.3mm。

① 角质层的特点和作用。角质层是由角质化细胞组成的。

角质层坚韧而有弹性，它主要起机械性保护作用，还具有防止紫外线辐射损伤以及酸碱等化学物质侵入、阻止其下表皮各层及体内其他部分的液体外渗的作用。

② 棘层的特点和作用。此层由 4—8 列不规则的多角细胞所组成，细胞间由桥粒连接成桥状，称为细胞间桥。棘细胞内的胞浆丰富，胞内有张力纤维，细胞间隙内含有组织液，可供细胞新陈代谢之用。正常的棘层细胞具有增殖能力。

（2）真皮的组成和作用。由纤维母细胞及其产生的胶原纤维、弹力纤维、网状纤维与基质等组成。真皮内有毛细血管、淋巴管、毛囊、腺体（汗腺、皮脂腺）、毛发、肌肉、神经及感觉末梢器。真皮是皮肤进行新陈代谢的重要场所。

（3）皮下组织及其作用。皮下组织位于真皮下方，与肌膜等组织相连。皮下组织由大量的脂肪细胞和粗大的结缔组织纤维束构成，因而富有弹性，它能保护肌肉、骨骼并有储备能量、降低外界对皮肤的冲击力以及防止体温逸散的作用。

（4）皮肤附属器。皮肤的附属器包括汗腺、皮脂腺、毛发、毛囊及指甲、趾甲等。

皮肤的汗腺有小汗腺和大汗腺之分，小汗腺（又称汗腺，eccring gland）的腺体位于真皮层及皮下组织中，由单层细胞排列成管状，盘绕如球形，汗腺分泌汗液，调节体温，由胆碱能交感神经支配，其肌上皮细胞则由肾上腺素能交感神经支配。

5. 常用器械常识

常用的修脚刀，分为片刀、轻刀、抢刀、窄条刀、宽条刀、刮刀、斜口刀和三棱刀等八种，各有不同的用途。

（1）片刀：一般规格为长 15.5cm，宽 2.5cm，刀身薄而刀刃口宽，专门用于片去脚垫的。

（2）轻刀：长 15.5cm，宽 0.6cm，刀身轻便，刀刃口窄，用途最广。凡起、撕脚垫和断、劈、择趾甲等，都要用它。

（3）抢刀：长 15.5cm，宽 1.5cm，刀身厚重而坚固，刀刃较宽，专门用于去薄趾甲和抢除病甲。

(4) 条刀：按刀刃分为宽、窄两种，窄条刀长15.5cm，宽0.2cm，口尖把圆，可以捻转，能深入甲沟中，挖掉嵌甲。宽条刀长15.5cm，宽0.4cm，刀刃较宽，专门用来挖鸡眼、瘊子、疔、核、疽的。

(5) 刮刀、斜口刀、三棱刀：这三种都是用来点刺放血的，其中刮刀长15.5cm，宽0.5cm。

斜口刀长15.5cm，宽0.4cm，类似刮刀，只是斜口刃较短；三棱刀长5cm，尖呈剑形。又叫三棱剑，是为了便于放血而新增加的一个刀型。

6. 常见脚患的类型

(1) 垫类。

掌垫：包括普通垫、月牙垫、蒜皮垫；

跟垫：包括后跟垫、轮垫；

趾垫：包括顶趾垫、盖趾垫、偏趾垫、对夹趾垫、骑马趾垫；

踝骨垫；

特殊垫：包括瘢痕垫、先天性垫、垫黄。

(2) 甲类。

灰甲：包括糠趾甲、蒜皮趾甲；

嵌甲：包括潜趾甲、肉包甲、瓦垄趾甲、嵌甲炎；

畸形甲：包括牛角趾甲、瘊头趾甲、螺丝趾甲、鹰嘴趾甲、翻头趾甲。

7. 修脚的技术要领

(1) 用刀要点：

① 稳的含义：第一，持脚要稳。把患脚固定，不滑动、摇摆，避免因病脚滑动或摆动，造成皮肤划伤出

血。第二，用刀要稳，不能颤抖。要做到这一点平时必须多练基本功，如作摇手、吊腕练习等等。

② 准的含义：第一，认病部位准确，能够区分或鉴别症状相似、本质不同的脚患。如核类和疔类的脚患鉴别。第二，下刀要准，要做到下刀直达患处，去除脚患而不伤正常组织。对进刀深度和宽度心中明确，牢记足部的解剖知识。

③ 轻的含义：第一，进刀时要轻柔，不可用暴力。第二，修脚师的手腕要灵活、轻、快，用刀时手腕要有节奏。平时多练习上下摆动。

④ 快的含义：主要是在修脚过程中动作要快，在稳、准、轻的基础上，在最短时间内，解除脚病患者的痛苦。

（2）推手的操作要领：

① 平腕推手：小臂与手部形成直线，拇指、食指捏在一起，中指沿小臂方向定位成直状，食指第一、二指与第三指关节与拇指一二指合力成 90°夹角状，拇指与食指靠住中指，往返抽拉。

② 吊腕推手：小臂与手部形成直线，拇指、食指捏在一起，中指沿小臂方向利用腕部力量向下垂直定位，拇指、食指靠住中指向下用力往返抽拉。

③ 内合推手：小臂与手部形成直线，拇指、食指捏在一起，中指沿小臂方向利用腕部内合力量，用力向心内合，拇指、食指靠住中指，向内用力往返抽拉。

④ 外合推手：小臂与手部形成直线，拇指、食指捏在一起，中指沿小臂方向利用腕部旋转力量，用力向

外，拇指、食指靠住中指，向外用力往返抽拉。

(3) 摇手的操作要领及要求：

五指握紧成拳状，用力于腕部，均匀而有节律地作上下摆动、左右往复旋转。

摇手的要求：一是手臂悬于半空中，手腕动，手臂不动。二是摇手时，需一下一下的进行，由慢到快，幅度由小到大。

二、相关知识

(一) 鉴定要求

高级修脚师的相关知识要求考生对蒜皮垫、瓦垄趾甲等脚患进行正确判断，并能够运用断、劈等刀法进行修治。熟练使用灸法对糜烂型脚气等脚患进行治疗。对初、中级人员在理论及实际操作上进行培训。

(二) 复习重点难点

1. 判断脚患

(1) 蒜皮垫。生长在脚掌部，垫的表面出现蒜皮相似的白皮，一层压一层，粗糙不平，而内部呈淡青色。触摸时，患者感觉比较痛。初期较软，到了后期，表面皮逐渐消失，变为坚硬的厚皮，厚皮比较光滑，四周边缘向上翘起，轻摸即能引起强烈的疼痛，最严重的，脚掌不能着地。

（2）骑马垫（又称马鞍垫）。长在两趾中间的底部，多见于小趾和第四趾之间，形似马鞍状，汗脚呈乳白色，干脚呈淡青色。垫不太厚，质较硬。

（3）瓦垄趾甲。中间凸起，两边变凹。其形状似中式房瓦，左右两边的甲，往两侧甲床肌肉生长，严重的，趾甲末端的左右两个甲尖会从趾上嵌入，又从趾下拱出。肌肉内部有刺痛感，疼痛较重，甲两侧边缘皮肤较硬，有异物感觉。

（4）瘊头趾甲。趾甲纵起，中间部分凸出，颜色呈灰褐色；四周较平，较薄，形似瘊头，高低不平。趾甲中间厚而坚硬，四周薄而松软。

（5）牛角趾甲。甲面高低不平。形似牛角，甲根粗大，甲前缘尖细，稍有弯曲。趾甲又厚又硬，厚部横断面可达 2mm 左右，初起麻木，日久有刺痛感。严重的在挤压摸时患部无知觉。

（6）鹰嘴趾甲。趾甲前尖后宽，尖端稍向下垂，其形状似鹰嘴。严重的病变趾甲可将趾部末端挤成一个肉球。趾甲厚而坚硬，有压痛感，甲根部高低不平，前端较光滑。

（7）肉垫核。一般长在足掌中间，垫内物体为一个肉心，形状大小不等，多数相当 1 分硬币大小。垫核的高度约 0.5—1.0mm 左右，颜色淡黄，摸起来患者感到特别的疼痛。

（8）肉疔。疔体呈圆形、浅粉色的软组织，交界线明显，呈半透明状。质地较软，疼痛感不明显。

2. 修整

(1) 蒜皮垫。用攥法持住脚，即把患足竖起，术者的左手四指在上方，拇指在下方，把所有的脚趾都攥住，稍往前推，使足掌、足弓部位病变突出。如图3—1。

刀法，以片刀法为主，正刀片或反刀片。

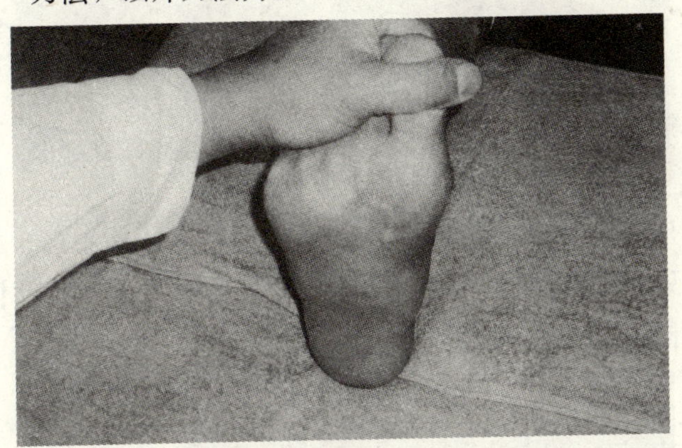

图 3—1　攥脚法示意图

(2) 骑马垫（又称马鞍垫）。

① 垫生长在患者右脚趾缝偏左侧者，用拇指支法。具体支法是：用食指和中指把握患趾左邻趾的后部，用力往左下方压，拇指顶住患趾顶端，用力向右上方支开，使病患露出，这一支法，关键在于拇指支力。

② 垫生长在患者左脚趾缝偏左侧或中下部位，采用食指支法。具体方法是用拇指和中间指捏住患趾的左邻趾。往左下方掰，食指顶住患趾顶端，往右支开，这一支法，关键在于食指的支力。如图 3—2。

③ 垫生长在趾缝中间部位，采用中指支法。具体支

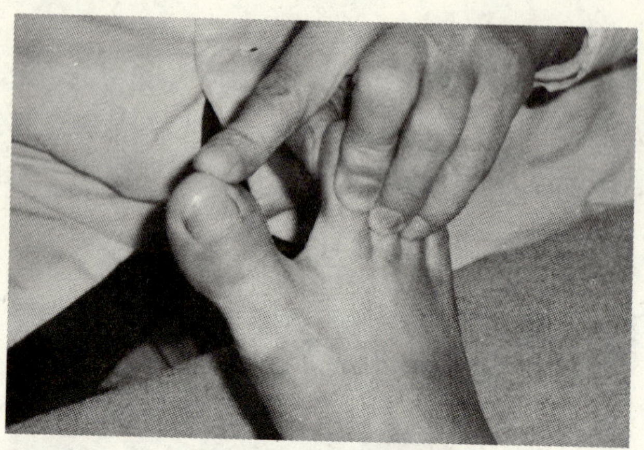

图 3—2　食指支示意图

法是拇指和食指捏住患部的一侧趾，掰开，中指顶住患部另一侧的根部，将其支开，使病变露出，这一支法以中指用力为主。如图 3—3。

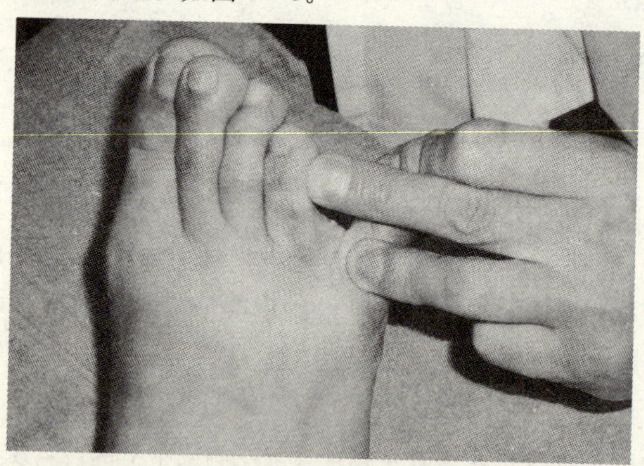

图 3—3　中指支示意图

④ 垫生长在趾缝中间根部病患或接近根部两侧的病变，采用双指支法。具体支法是：食指拢住患部一侧趾的中间，往外掰，食指和中指分别顶住另一侧趾的顶端

和根部，同时用力支开，这一支法，拇指和中指同时用力，而且用力均匀一致。

刀法，以正起刀法、反起刀法为主，配合使用片刀法。

(3) 瓦垄趾甲。术者用正捏法或反捏法捏住患趾。

刀法，运用综合刀法进行修治。首先，要用平刀抢法，把趾甲抢平、抢薄，厚度以能横断为准，勿伤好肉；接着，轻刀按青线横断，用里外合刀劈断左右两侧边缘；最后，换用条刀沿着原来劈缝深入甲根部，把劈断的边缘挖出，择净余茬即可。

(4) 瘊头趾甲。先用反捏法捏住脚趾，再用小卡法卡住患趾，即食指（在上），中指（在下）把患趾夹住，大拇指侧顶住患趾上端，用力顶紧。

刀法，一般是立刀轻抢，刀口越小越好，抢到末端能够横断，厚度与正常趾甲为准。也可用平刀抢，但要少吃力。抢后，还要用轻刀顺茬削平，横断切齐，然后择净边缘即可。

(5) 牛角趾甲。刀法，治疗时要用左手顶住患趾的趾甲，用抢刀抢平甲面，抢时要少吃刀，刀口小（碎刀），由后向前，逐步逐层地抢，到青线停抢，抢到与正常趾甲厚度为准。用力适当，否则能将整个趾甲带下。抢完以后，用轻刀沿着青线横断，将趾甲左右角修圆、修净、修平即可。

(6) 鹰嘴趾甲。刀法，先用平抢法，稍稍抢趾甲左右两侧；再用坡刀抢法，抢趾甲的平面，要求一刀抢平；抢到一定程度，即厚度同正常趾甲，让患者脚趾上翘，用左手食指、中指夹住患趾，拇指尽量向前压缩肌肉，改用立刀抢法，抢下垂的趾甲，前后抢茬要均匀。这一过程，特别要注意不伤肌肉。然后，夹住患趾，轻刀横断；再捏住患趾，轻刀立劈两侧，换宽条刀择边修净，注意避开肉舌，修治后再作处理。如肉球内有瘀血，要划口放血但划口要小，否则会大量出血。放血后要妥善包扎。

（7）肉垫核。用挣推法持住脚。挣推法是两种方法，但都是为了撑开表皮，显露患部。挣法，就是用四个手指放在患部上方，拇指放在患部下方，然后以食指、拇指用力把表皮撑开，如图 3—4，适用于足底平面部的胼胝等脚病疾患。

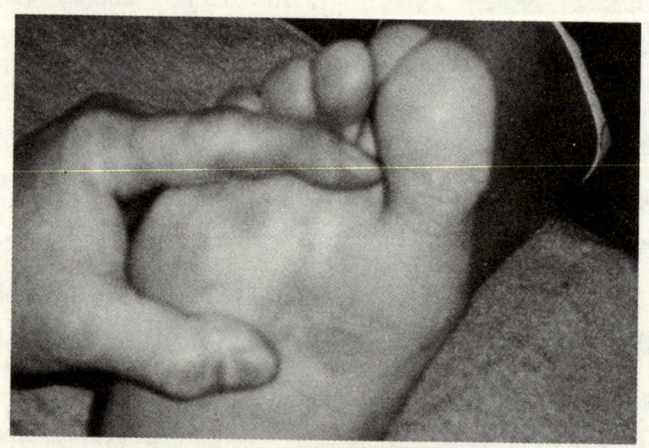

图 3—4　挣法示意图

刀法，先用片刀法，将脚垫片平、片净，不将肉核挖出，而是在肉核上划一竖口，进行放血，使其逐渐萎缩消失。

（8）肉疔。拇指在肉疔下方，食指在疔的上方，两手同时向相反的方向用力，使表皮绷紧，便于施术。

刀法，先用片刀法，把肉疔表面的硬茧片掉。而后改用条刀，沿疔的边缘“青线”下刀，把肉疔挖出，挖净，勿留余茬。

3. 灸治

(1) 瘢痕灸。瘢痕灸又称化脓灸。先将施灸部位涂上少量凡士林油或大蒜汁，上置艾炷用线香点燃，待艾炷燃尽，除去灰烬，复加艾炷再灸，一般灸 5—10 壮。灸时疼痛剧烈，医者可用手在灸部轻轻拍打，以缓解疼痛。灸后起水疱，化脓并有瘢痕，故名为化脓灸、瘢痕灸。

(2) 无瘢痕灸。无瘢痕灸又称艾炷非化脓灸。先将施灸部位涂上少量凡士林油或大蒜汁，上置艾炷用线香点燃，当艾炷燃至一半左右，病人感到灼热时取掉，更换艾炷再灸。一般灸 3—7 壮，以灸至局部皮肤红晕，且无明显的灼伤为度。以麦粒大小的艾炷施灸，也称麦粒灸。

(3) 隔姜灸。根据不同的选穴，采用相应的舒适体位。将鲜姜切成 0.3—0.4cm 厚的片，将片上用针扎 5—10 个小孔，再将姜片放在选好的穴位或部位上，上面放置艾炷，用线香点燃，当患者感到灼烫时，将艾炷立即去掉，再换新艾炷继续灸之，每穴灸 3—9 壮，换艾炷不换姜片。

(4) 雷火神针灸。在所灸的穴位上，覆盖几层棉纸或 5—7 层棉布，然后点燃药艾条的一段，紧按在穴位上，稍留 1—2 秒钟即可；另一种方法是将药艾条点燃后，用7层棉纸包裹已燃的药艾条再紧按在穴位上。上述两种方式均可在所要施加的穴位上灸按5—10次。如果患者感到灼烫时，可将药艾条略提起，等热减后再重复灸。若艾条熄灭或冷却，可重新点燃再灸。如图3—5。

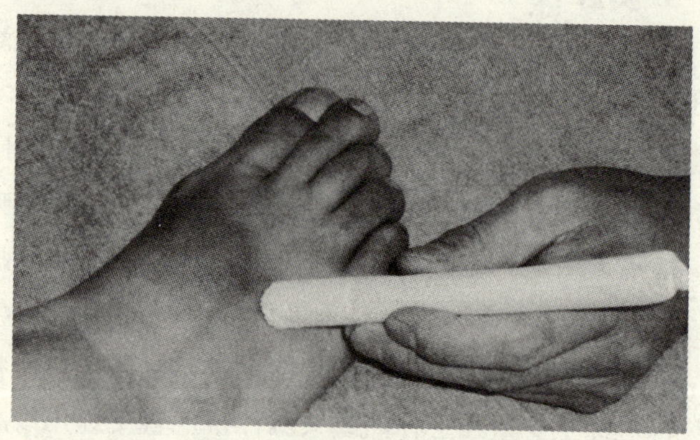

图3—5　雷火神针灸示意图

(5) 疱疹型脚气的灸治法。

① 患者仰于诊床上，双脚放平、分开。

② 术者将艾绒先搓成上尖下平、不紧不松的圆锥形。

③ 术者将艾炷放于脚部有疱疹的部位，点燃，待患者感到灼热时，即更换艾炷，一般灸3—9壮，1天灸3次，10次为一疗程。

4. 抢术的分类

按刀身与脚部病变的上下距离分为抹刀抢（刀身低，在10°角以下），平刀抢（刀身稍高，在10°角以上），坡刀抢（刀身高，成25°角），立刀抢（刀身最高，在45°角以上）四种。此外，还有一种专用于抢螺丝病变的特殊抢法，叫“盘旋抢”，它的刀身与病变距离和平刀抢相同。

5. 抢术的适用范围

平刀抢主要是抢薄较厚的病甲，为“横断”做准备条件，也用于抢断正常甲长出甲床部分（即修补趾甲，特别是大踇趾甲修补，必须平抢）。抹刀抢则适宜抢较软较薄的趾甲，如肉趾甲、蒜皮趾甲和灰趾甲。坡刀抢主要是抢平表面厚而硬的病甲。立刀抢则是掐断厚硬病甲，病甲两侧沟凹部分和分裂趾甲的裂缝部分等。盘旋抢专用抢螺丝病甲。

6. 抢术的技术特点

第一，必须由前向后，即由甲根向甲梢刮抢，不能相反。只有盘旋抢螺丝甲中的一部分动作，可以正向刮抢。

第二，手腕使力。这是抢术中一个关键性问题。在抢刮厚甲时，以腕力为主，指力为辅。具体地说，就是拇指压力，中指托力，稳住刀身（中指还起宽窄深浅触感作用）；食指顶力配合手腕稍稍使力；而由腕从前向后以推力刮抢。（但要注意腕力轻而适当，不能过大过猛，更不能用肘部力量。否则，能把整个趾甲剥落。）

第三，要转着抢。即抢病变部分，要从右向左，分片转着抢完，不能一刀抢通。所谓抢通，即由病变前抢到病变后部切断。只有病变部分很小，如只占趾甲面积的三分之一或更小些，可以一刀抢通外，其余均应分片抢。

第四，要分层抢。即分片转抢时，还要把每片分成若干层来抢，不能把一片一刀抢通，一般要按前后分二至三层抢完。先抢后层，再抢前层。抢每层时，也是转着刀走，抢完一层再转着抢第二层，抢完为止。

第五，要看准“青线”搞清分界线。一般来说，正常趾甲长出甲床部分有分界，病甲以病变与好甲也有“青线”标志，抢时要按“青线”下刀，把病患部分抢掉，不能损伤好甲。

第六，要挑着抢。就是在快抢通时，刀刃上挑，以一定的挑力和弧度出刀。

第七，下刀要准。入刀部位准，紧紧贴着“青线”操作，进刀角度和刀刃竖立角度都要看准，对甲内分界线准，各刀宽窄、深浅、角度都一致。同时要原茬抢平。

第八，吃刀要小。所谓小，指深度和宽度（术语叫“揽”，揽的多即宽，揽的少即窄）。总的来看，讲究吃刀宜小不宜大，但各种刀法的要求并不完全相同。

7. 抢术入刀与出刀角度的特点

平刀抢挑力较大，入刀弧度一般为 35°—45°夹角，出刀则以 30°—40°夹角为度。

抹刀抢挑力较小，入刀弧度一般为 35°夹角，出刀则为 32°夹角。

坡刀抢挑力更小，入刀弧度一般为 40°夹角，出刀则为 37°夹角。

立刀抢第一、二步和第三步一、二层时，挑力较大一些，刀身下垂，与趾甲的纵向线成 15°—25°弧度，出刀成 45°—50°弧度。在抢第二步最后一、二层时，从甲根部分入刀往后抢，吃刀要小，出刀稍用挑劲。

盘旋抢要缓慢使劲上挑，挑左右两侧和前侧，入刀时刀身下垂，与甲横向或纵向轴线成30°，出刀时35°左右。抢甲根部位入刀时刀身翘起，与趾甲横向轴线成30°弧度，出刀时为25°弧度。

8. 断术及断术的分类

断术是指修短趾甲从一端（一般是右端）入刀，从另一端出刀，横向切断趾甲。

断术有两种手法：一种叫“立刀断”，即入刀时刀刃面与趾甲成80°—85°夹角；另一种叫“坡刀断”，入刀时，刀刃面与趾甲成45°—50°夹角，后一种方法，是用来切断厚趾甲的。

9. 劈术的操作要领

(1) 翻刀亮线。两种劈法入刀后，都要每进一刀翻一下刀，劈左侧时向左侧翻，劈右侧时向右翻把“青线”显露出来，看准以后，对线进刀。

(2) 深入进刀。即对准“青线”，往根部进刀，但两种劈法深入进刀的方式有所不同：立刀劈的进刀，是采用拇指和食指的挺劲，一直向前推进，直至甲根，叫“挺刀法”；合刀劈下的进刀，则是采取边拨边进的方法，叫“拨刀法”，即每进一刀，要拨一下（里合刀往左拨，外合刀往右拨)，亮一下“青线”，再进刀，直至甲板；此外，还有捻动刀身进刀的，叫“捻刀法”。

(3) 劈断甲根。即把甲根切断，两种劈法的断根方式不同：立刀劈是拱力断根，即刀至根部后，指力变成拱动，即用下刀尖向下一压，再往下一挑，把甲根拱断；合刀劈则是戳力断根，当刀至根部后，不用指力改用腕力，向前一戳，戳断甲根。

10. 抢术的注意事项

趾甲部位病患情况复杂，内有“肉舌”、“肉条”、“黑血刺”、“疔”等，下面又是柔软甲床、两侧成沟，周围又是肌肉，稍有不注意，极易发生事故。所以，操作时除用力适当外，应该随时小心谨慎，发现病变情况要及时处理。如平刀抢趾甲平面两端时，要下刀慢，吃刀稳，以免刀尖碰伤肌肉。也不要抢得过分，否则，趾甲末梢过薄，横断后患者走路有疼感。抹刀抢，要下刀轻，随时发现肉舌、黑血刺等，注意避开。左手捏脚的劲也不宜过大。坡刀抢的刀口大，吃力多，特别防止越过“青线”，遇到“逆茬”抢时要少吃刀。抢瘊头甲时，刀口要小一些，否则甲根容易出血泡；抢翻头甲时要避开肉刺。立刀抢时刀要平稳。因螺丝甲的根部不牢，施术时，用力要轻，吃刀要小。否则，容易把趾甲带下。

11. 劈术的注意事项

劈术极易伤及甲肌肉，操作时要高度注意，除了不走线外，进刀应用力适当，特别是刀尖要稳，否则，稍不小心，即可造成划破出血事故。因此入刀以前，要将趾甲后甲角劈掉，以减轻患者痛感。而两侧曲度大的趾甲中，内里常卷有肉条等，进刀时应注意避开。

12. 刺瘊的含义

好发于手部、面部、足部和掌部。因部位不同，刺瘊外观形态也不一样。在手部、面部、足部（暴露部位）的刺瘊，初期为角化性血疹，突出表皮，以后表面粗糙增生围成簇的一束角刺，角刺又有的成花瓣状。而脚掌部位的瘊（非暴露部位）由于持续压迫和摩擦，外观厚而扁平，中央角质层松碎，破开表皮，露出许多黑刺，病程过长可向四周扩散。

刺瘊，医学上叫寻常“疣”，长在脚底的称趾“疣”。修脚师把长在手部、面部和足背面的叫开花瘊，把长在脚底的叫刺瘊。

13. 脚气的含义与分类

(1) 糜烂型脚气。多患于趾间，以第四趾与小趾间常见，这种病症，趾间皮肤湿渍，潮湿发白，有界线清楚的表皮浸渍，擦落腐皮，下面露出潮红浸润的糜烂面，渗出液体，极痒。

(2) 水疱型脚气。为常见的脚气病，一般患于趾间和脚掌部位，以水疱为病变特征，大小不一，成群或分散发生，夏季严重，疱壁较厚，破裂渗出粘液，破后可结痂或吸收后局部脱屑，但愈后易复发，亦能继发细菌性感染，这种病常伴奇痒，严重时疼痛。

水疱型脚气，如水疱破裂后没有及时地治疗，能感染细菌而化脓，即是所谓的脚气感染。初期局部红肿，出现小脓疱，严重时脚面肿起，发红发紫，流出脓水，有的在股、腹等处起疙瘩，引起淋巴腺感染，有的在足背上起红线，引起丹毒。

14. 教案的书写

教案的书写要遵循一定的格式，条理要清楚，首先明确“目的要求”，其次要写“教学内容”，语句要通顺，内容要详实、丰富，最后要对本章节作小结。

第四章　理论知识试题精选

一、单项选择

1. 职业道德是指从事一定职业劳动的人们，在长期的职业活动中形成的（　　）。

A. 行为规范

B. 操作程序

C. 劳动技能

D. 思维习惯

2. 市场经济条件下，职业道德最终将对企业起到（　　）的作用。

A. 决策科学化

B. 提高竞争力

C. 决定经济效益

D. 决定前途与命运

3. 下列选项中属于企业文化功能的是（　　）。

A. 整合功能

B. 技术培训功能

C. 科学研究功能

D. 社交功能

4. 职业道德对企业起到（　　）的作用。

A. 增强员工独立意识

B. 模糊企业上级与员工关系

C. 使员工规规矩矩做事情

D. 增强企业凝聚力

5. 在商业活动中，不符合待人热情要求的是（　　）。

A. 严肃待客，表情冷漠

B. 主动服务，细致周到

C. 微笑大方，不厌其烦

D. 亲切友好，宾至如归

6. 对待职业和岗位，（　　）并不是爱岗敬业所要求的。

A. 树立职业理想

B. 干一行爱一行专一行

C. 遵守企业的规章制度

D. 一职定终身，不改行

7. 职工对企业诚实守信应该做到的是（　　）。

A. 忠诚所属企业，无论何种情况都始终把企业利益放在第一位

B. 维护企业信誉，树立质量意识和服务意识

C. 扩大企业影响，多对外谈论企业之事

D. 完成本职工作即可，谋划企业发展由有见识的人来做

8. 办事公道是指从业人员在进行职业活动时要做到（　　）。

A. 追求真理，坚持原则

B. 有求必应，助人为乐

C. 公私不分，一切平等

D. 知人善任，提拔知己

9. 下列关于勤劳节俭的论述中，不正确的选项是（　　）。

A. 企业可提倡勤劳，但不宜提倡节俭

B. “一分钟应看成是八分钟”

C. 勤劳节俭符合可持续发展的要求

D.“节省一块钱，就等于净赚一块钱”

10. 清代修脚代表专著是（　　）。

A.《五言杂字》

B.《修治脚病》

C.《外科启玄》

D.《千金方》

11. 修脚业有（　　）三大流派。

A. 河南、河北、山东

B. 河北、山东、江苏

C. 广东、扬州、山东

D. 江苏、湖北、山东

12. 河北派的特点是（　　）。

A. 修脚、捶背、按摩

B. 捶背、理发、搓澡

C. 按摩、修脚、刮脚

D. 修脚、刮脚、搓澡

13.（　　）属于山东流派特点。

A. 以济南为中心，修脚人数最多

B. 独立性强，从修脚到刻花，每项技术都会

C. 以济南为中心，从修脚到理发，样样都会

D. 主要治脚病

14. 江苏流派与其他流派的不同之处在于（　　）。

A. 修脚、刮脚

B. 刮脚、按摩

C. 理发、搓澡

D. 刻花、上蔻丹

15. 跗骨的近侧列不包括（　　）。

A. 跟骨

B. 距骨

C. 足舟骨

D. 跖骨

16. 跗骨的骨骼名称除了跟骨、距骨和足舟骨以外其余的还有（　　）。

A. 楔骨和骰骨

B. 腓骨和胫骨

C. 长骨和短骨

D. 跖骨和趾骨

17. 关于第五跖骨特点的描述错误的是（　　）。

A. 跖骨底的外侧向后

B. 跖骨头与相应的趾骨相关联

C. 跖骨底的外侧向前

D. 跖骨底的外侧既向后又粗隆

18. 趾骨包括（　　）。

A. 踇趾 2 节，其余各趾均为 2 节，趾骨共 12 块

B. 踇趾 3 节，其余各趾均为 2 节，趾骨共 14 块

C. 踇趾 2 节，其余各趾均为 3 节，趾骨共 14 块

D. 踇趾 1 节，其余各趾均为 3 节，趾骨共 13 块

19. 趾骨是由（　　）骨骼组成。

A. 14 块

B. 15 块

C. 13 块

D. 12 块

20. 趾骨的特点是（　　）

A. 较粗短

B. 较细长

C. 细短

D. 粗而长

21. 跖骨间关节和楔骰关节属于身体的（　　）。

A. 胸部

B. 后背

C. 下肢

D. 足部

22.（　　）属于足弓的组成部分。

A. 外侧纵弓

B. 内侧纵弓

C. 足底的韧带

D. 内侧横弓

23. 对足弓的作用，描述错误的是（　　）。

A. 足弓提供了足够的弹力

B. 足弓能缓冲震荡

C. 足弓不能缓冲震荡

D. 足弓可使血管神经免受压迫

24. 长肌和短肌是肌肉的表现形式，肌肉的另外两种形态是（　　）。

A. 轮匝肌和扁肌

B. 扁肌和骨间肌

C. 轮匝肌和心肌

D. 平滑肌和骨骼肌

25. 对肌肉的功能描述错误的（　　）。

A. 收缩时能产生大幅度的活动

B. 收缩时能使“关节”产生运动

C. “关节”周围的肌群只有短肌，不能屈伸

D. “关节”周围的肌群是多样的，能屈也能伸

26. （　　）不是肌肉的辅助结构。

A. 滑液囊和筋膜

B. 滑液囊和腱鞘

C. 腱鞘和筋膜

D. 肌腹和肌腱

27. （　　）是肌肉的辅助结构，作用能减少摩擦。

A. 滑液囊

B. 筋膜

C. 腱鞘

D. 滑液囊和筋膜

28. 足的肌肉是由（　　）组成。

A. 肌腹、肌腱

B. 足背肌、足后侧、足底肌

C. 内侧群、外侧群和中间群

D. 长肌和短肌

29. 踇短伸肌和趾短伸肌是（　　）肌肉的组成部分。

A. 足前侧肌

B. 足背肌

C. 足后侧肌

D. 足底肌

30. “在小腿经比目鱼肌深面伴胫后动脉下降，过内踝后方”

这段话是对（　　）分布的描述。

A. 胫神经

B. 腓总神经

C. 趾足底固有神经

D. 趾足底总神经

31. 腓总神经除了经过趾背皮肤以外，还经过（　　）。

A. 足背侧皮肤

B. 足内侧皮肤

C. 足外侧皮肤

D. 足底侧皮肤

32. 对腓总神经受损后的主要表现，下列描述错误的是（　　）。

A. 足下垂

B. 足不能背伸

C. 能内翻，趾不能伸

D. 内翻力弱，不能用足尖站立

33. 胫神经受损的表现是（　　）。

A. 足不能背伸

B. 足下垂

C. 趾不能伸

D. 不能用足尖站立

34. 足部血管是由（　　）组成的。

A. 跖骨底动脉和趾底动脉

B. 足动脉和趾静脉

C. 足动脉和足静脉

D. 跖骨底动脉和足静脉

35. 足动脉的组成包括（ ）。

A. 足底内侧动脉

B. 足底中侧动脉

C. 足底前侧动脉

D. 足底后侧动脉

36. 足静脉是由（ ）组成的。

A. 深静脉

B. 浅静脉

C. 深静脉和浅静脉

D. 小隐静脉和大隐静脉

37. 脾经属于足部经络的（ ）。

A. 足三阳中的足太阳经

B. 足三阴中的足少阴经

C. 足三阳中的足少阳经

D. 足三阴中的足太阴经

38. 足厥阴肝经的起点是（ ）穴，止点是期门穴。

A. 历兑

B. 大敦

C. 内庭

D. 昆仑

39. 足少阴肾经的起点是（ ）穴。

A. 厉兑

B. 涌泉

C. 俞府

D. 承泣

40.（ ）的起点是隐白，止点是大包。

A. 足阳明胃经

B. 足太阴脾经

C. 足太阳脾经

D. 足太阴肝经

41. 在常见脚患类型中，用触法检查脚患时使用的工具是（　　）。

A. 剪子、镊子

B. 放血针

C. 听诊器

D. 修脚刀

42. 在常见脚患类型中，修脚师用触法对脚患进行检查判断所用的工具是（　　）。

A. 修脚刀

B. 剪子、镊子

C. 放血针

D. 叩诊锤

43. 在常见脚患类型中，判断脚患时，下列描述不正确的是（　　）。

A. 收集反映脚患的资料

B. 运用看、问、摸、触的方法

C. 切除后做病理化验

D. 抓住脚患的本质

44. 在常见脚患类型中，疔的上面（　　）。

A. 无垫

B. 必有垫

C. 可有也可无垫

D. 是正常的组织

45. 在常见脚患类型中，生长在皮肤深层的疾患是（　　）。

A. 脚垫、鸡眼

B. 瘊子、偏趾垫

C. 脚气、脚疔

D. 脚疸、骨刺

46. 在常见脚患类型中，引发物理性脚患的原因是（　　）。

A. 挤、压、摩擦、扎、砸等

B. 受到外界的刺激

C. 受到机械性损害

D. 穿鞋受力不均

47. 在常见脚患类型中，修脚师对脚病患者所讲的术语是（　　）。

A. 瘤子

B. 厚皮

C. 茧子

D. 疔核

48. 修脚师在解答问题时，态度不要（　　）。

A. 诚实

B. 热情

C. 和蔼

D. 生硬

49. 在常见脚患类型中，判断脚患的第一步是（　　）。

A. 看

B. 摸

C. 问

D. 听

50. 在常见脚患类型中，触摸蒜皮垫时，患者的感觉是（　　）。

A. 痒痛感

B. 酸痛感

C. 麻木感

D. 痛感

51. 在常见脚患类型中，后期蒜皮垫的边缘会（　　）。

A. 向上翘起

B. 向下翘起

C. 向左翘起

D. 向右翘起

52. 在常见脚患类型中，检查骑马垫时用的手法是（　　）。

A. 按摸法

B. 指按法

C. 提摸法

D. 指摸法

53. 在常见脚患类型中，骑马垫汗脚时的颜色是（　　）。

A. 淡黄色

B. 乳白色

C. 灰青色

D. 淡青色

54. 在常见脚患类型中，瓦垄趾甲较严重时，甲尖会（　　）。

A. 从趾下嵌入

B. 从趾左嵌入

C. 从趾右嵌入

D. 从趾上嵌入

55. 在常见脚患类型中，瘊头趾甲的外形呈（　）状。

A. 蒜头

B. 鹰嘴

C. 瘊头

D. 牛角

56. 在常见脚患类型中，鹰嘴趾甲甲板根部表面的形状是（　）。

A. 上下不平

B. 左右分开

C. 左右分层

D. 高低不平

57. 在常见脚患类型中，肉垫核一般长在（　）。

A. 足根中间

B. 足背中间

C. 脚趾中间

D. 足掌中间

58. 在常见脚患类型中，肉疔的形状是（　）。

A. 椭圆形

B. 圆形

C. 扁形

D. 三角形

59. 在常见脚患类型中，泡脚的目的是（　）。

A. 清洗干净

B. 进行消毒

C. 减少痛苦

D. 泡软患部

60. 常见脚患类型中，修治蒜皮垫的持脚法中，左手四指的位置是在足背的（　　）。

A. 下方

B. 上方

C. 左方

D. 右方

61. 下列关于蒜皮垫刀法的叙述中错误的是（　　）。

A. 修治蒜皮垫可用反刀片法

B. 修治蒜皮垫可用正刀片法

C. 修治蒜皮垫用正、反刀片法都行

D. 修治蒜皮垫用正、反刀起法都不行

62. 在常见脚患类型中，骑马垫长在右脚趾左侧者，所用持脚法的目的是（　　）。

A. 达到治疗的作用

B. 使患部露出，便于修治

C. 使病患隐藏

D. 减少患者痛苦

63. 在常见脚患类型中，应用食指支法时，食指的用力方向是（　　）。

A. 向上

B. 向下

C. 向左

D. 向右

64. 在常见脚患类型中，骑马垫长在左脚趾偏左侧者，所用持脚法的“力”应是（ ）。

A. 拇指的顶力

B. 中指的压力

C. 食指的支力

D. 小指的捏力

65. 在常见的持脚法中，中指支法的目的是（ ）。

A. 减少痛苦

B. 减少出血

C. 露出病变

D. 按住病变

66. 在持脚法的双指支法中，拇指与中指用力的关系是（ ）。

A. 拇指用力

B. 食指用力

C. 交替用力

D. 同时用力

67. 在常见脚患类型中，修治骑马垫的刀法是（ ）。

A. 正刀起、反刀起

B. 立刀挖、立刀撕

C. 立刀断、横刀断

D. 下刀片、反刀片

68. 在常见脚患类型中，瓦垄趾甲的持脚法先用（ ）。

A. 按捏法

B. 反捏法

C. 揉捏法

D. 掐捏法

69. 在修治瓦垄趾甲时，挖出甲根深处的趾甲边缘所用的刀具是（　　）。

A. 轻刀

B. 条刀

C. 抢刀

D. 片刀

70. 在常见脚患类型中，用小卡法卡住患趾时，大拇指的作用是（　　）。

A. 压住患趾上侧

B. 压住患趾下侧

C. 顶住患趾顶端

D. 顶住患趾末端

71. 在修治瘊头趾甲时，捏脚法先用反捏法，再用（　　）。

A. 正捏法

B. 揉捏法

C. 小卡法

D. 大卡法

72. 在常见脚患类型中，修治瘊头趾甲最后的步骤是(　　)。

A. 抢平趾甲

B. 横断趾甲

C. 去除死皮

D. 择净毛茬

73. 在常见脚患类型中，抢完牛角趾甲后，甲的厚度与正常甲相比应该是（　　）。

A. 比正常甲厚

B. 比正常甲薄

C. 与正常甲相当

D. 比正常甲厚或薄，也可能相同

74. 在修治鹰嘴趾甲第三个步骤应使用的刀法是（　　）。

A. 平刀抢法

B. 坡刀抢法

C. 立刀抢法

D. 立刀劈法

75. 在常见脚患类型中，挣法中撑开表皮的手指是（　　）。

A. 拇指与食指

B. 拇指与中指

C. 中指与食指

D. 拇指与小指

76. 在常见脚患类型中，把肉垫核上的垫去除干净后，在肉核上划口的目的是（　　）。

A. 易于切掉

B. 注入药物

C. 部分切除

D. 放血

77. 常见脚患类型中，修治肉疔时，将肉疔挖出的刀具是（　　）。

A. 青刀

B. 条刀

C. 抢刀

D. 片刀

78. 在常见脚患类型中，施用支脚法的目的是（　　）。

A. 使患部显露

B. 起治疗作用

C. 减轻疼痛

D. 使患者不动

79. 在常见脚患类型中，施用双指支法时，病患在脚的部位是（　　）。

A. 趾的顶端

B. 趾的上侧

C. 趾的下侧

D. 趾缝中间根部

80. 在常见脚患类型中，抢术中不是按刀身与病患上下距离分类的是（　　）。

A. 平刀抢

B. 抹刀抢

C. 盘旋抢

D. 坡刀抢

81. 在常见脚患类型中，抹刀抢的角度是（　　）。

A. 10°角以下

B. 15°角

C. 20°角

D. 25°角以上

82. 在常见脚患类型中，针对平刀抢法的说法正确的是（　　）。

A. 在抢法中平刀抢的刀身最高

B. 平刀抢的角度可以是 10°角以下

C. 平刀抢专用于螺丝趾甲

D. 平刀抢的角度在 10°角以上

83. 在常见脚患类型中，抢甲时刀身较平刀抢稍高的抢术是（ ）。

A. 立刀抢术

B. 坡刀抢术

C. 平刀抢术

D. 抹刀抢术

84. 在常见脚患类型中，关于盘旋抢术的说法错误的是（ ）。

A. 专用于螺丝趾甲

B. 专用于牛角趾甲

C. 抢的角度同平刀抢

D. 与其他抢法不同

85. 在常见脚患类型中，叙述坡刀抢法错误的是（ ）。

A. 坡刀抢是把患甲抢平

B. 坡刀抢的是较硬较厚的病甲

C. 坡刀抢主要是抢断甲缘

D. 坡刀抢的角度是 25°

86. 在常见脚患类型中，抢分裂趾甲的裂缝部分用的抢法是（ ）。

A. 平刀抢法

B. 坡刀抢法

C. 立刀抢法

D. 抹刀抢法

87. 在常见脚患类型中，盘旋抢的刀身角度与立刀抢相比较是（ ）。

A. 盘旋抢的角度大

B. 盘旋抢的角度小

C. 一样大

D. 以上都不对

88. 在常见脚患类型中，抢术中除盘旋抢外，其他抢法的方向是（　　）。

A. 由左向右抢

B. 由后向前抢

C. 由前向后抢

D. 由右向左抢

89. 在常见脚患类型中，运用抢法时食指用的力主要是（　　）。

A. 提力

B. 顶力

C. 压力

D. 托力

90. 在常见脚患类型中，用抢法要分片转着抢，不能（　　）。

A. 直着抢

B. 转着抢

C. 一刀抢通

D. 全部抢断

91. 在常见脚患类型中，在抢通时，病变大的要（　　）。

A. 一刀抢通

B. 分片抢通

C. 不抢

D. 改变刀术

92. 在常见脚患类型中，形成平刀抢的弧度时，刀身与趾甲横向轴线形成的弧角是（　　）。

A. 130°

B. 110°

C. 70°

D. 50°

93. 常见脚患类型中，平刀抢时随着向左的进展，刀身的角度（　　）。

A. 不能改变

B. 逐渐变大

C. 逐渐变小

D. 变为零

94. 在常见脚患类型中，抹刀抢时右刀尖着实后，逐步向左进展，刀身的角度（　　）。

A. 不变

B. 变大

C. 变小

D. 变成零

95. 在常见脚患类型中，立刀抢第三个步骤是抢（　　）的趾甲。

A. 两侧

B. 左侧

C. 右侧

D. 中间

96. 在常见脚患类型中，立刀抢用里合刀时，刀刃与趾甲面的夹角是（　　）。

A. 60°

B. 70°

C. 80°

D. 90°

97. 在常见脚患类型中，立刀抢第一步抢左侧时，外合刀刀刃与趾甲面的夹角是（　　）。

A. 80°

B. 70°

C. 60°

D. 50°

98. 在常见脚患类型中，盘旋抢病甲茬头从右往左转的，刀刃与趾甲间的夹角是（　　）。

A. 50°

B. 40°

C. 30°

D. 20°

99. 在常见脚患类型中，分层抢时先抢（　　）的趾甲。

A. 上层

B. 下层

C. 后层

D. 前层

100. 在常见脚患类型中，在分片抢薄时，一定要以（　　）作为分界线的依据。

A. 黄色与白色

B. 黄色与褐色

C. 红色与白色

D. 红色与黄色

101. 在常见脚患类型中，坡刀抢时要注意，因抢的刀口大，所以要（　　）。

A. 吃刀稳

B. 吃刀准

C. 吃刀多

D. 吃刀少

102. 在常见脚患类型中，挑着抢的出刀方法有一定的（　　）。

A. 方向和力度

B. 力量和速度

C. 挑力和弧度

D. 肘力和指力

103. 在常见脚患类型中，抹刀抢挑的力度（　　）。

A. 较大

B. 可随意

C. 较小

D. 较重

104. 在常见脚患类型中，坡刀抢挑时的出刀弧度的是（　　）。

A. 25°

B. 30°

C. 35°

D. 37°

105. 在常见脚患类型中，立刀抢挑时出刀的弧度是(　　)。

A. 45°—50°

B. 38°—45°

C. 35°—43°

D. 42°—50°

106. 盘旋抢挑时入刀弧度正确的是（　　）。

A. 50°

B. 40°

C. 30°

D. 20°

107. 在常见脚患类型中，抢术中对各刀法的要求（　　）。

A. 部分相同

B. 部分不同

C. 完全相同

D. 完全不同

108. 在常见脚患类型中，平刀抢入刀深度的是（　　）。

A. 1mm

B. 0. 3mm

C. 2mm

D. 3mm

109. 在常见脚患类型中，抹刀抢每刀揽宽是（　　）。

A. 5. 5—6. 0mm

B. 3. 5—4. 5mm

C. 2. 0—3. 0mm

D. 1. 5—2. 0mm

110. 在常见脚患类型中，坡刀抢的入刀深度中不应是（　　）。

A. 1. 1—1. 3mm

B. 4.6—5.5mm

C. 1.2—1.4mm

D. 1.0—1.5mm

111. 在常见脚患类型中，立刀抢第三步最后一、二层时，每刀的深度是（ ）。

A. 2.0—1.5mm

B. 1.0—1.5mm

C. 0.05—0.08mm

D. 1.0—2.0mm

112. 在常见脚患类型中，盘旋抢的揽宽是（ ）。

A. 4.0mm

B. 1.0mm

C. 3.0mm

D. 2.0mm

113. 立刀断入刀时刀刃面与趾甲的成角不应是（ ）。

A. 81°—83°

B. 71°—79°

C. 82°—84°

D. 80°—85°

114. 在断术中，转，就是走刀过程中，用拇指的推力从右向左（ ）。

A. 捏着进刀

B. 推着进刀

C. 转着进刀

D. 按着进刀

115. 在常见脚患类型中，劈术主要是修治嵌入肉内的

（　　）。

A. 垫核

B. 胼胝

C. 潜甲

D. 肉疔

116. 在常见脚患类型中，劈术的入刀顺序中开始入刀的部位是（　　）。

A. 甲中间

B. 甲前部

C. 甲后部

D. 甲根部

117. 在常见脚患类型中，里合刀劈时适合部位是患甲的（　　）。

A. 上侧

B. 下侧

C. 左侧

D. 前侧

118. 在常见脚患类型中，劈刀法的第三个步骤要领是（　　）。

A. 深入进刀

B. 翻刀亮线

C. 劈断甲根

D. 一劈到底

119. 在常见脚患类型中，劈患甲右侧时所用的刀法是（　　）。

A. 立刀抢

B. 横刀断

C. 里合刀

D. 外合刀

120. 在常见脚患类型中，平刀抢时注意不要碰伤（　　）。

A. 血管

B. 神经

C. 肌肉

D. 表皮

121. 在常见脚患类型中，劈术操作时进刀的力度应（　　）。

A. 随意

B. 适当

C. 越轻越好

D. 越重越好

122. 温和灸时，艾条与皮肤的距离正确的是（　　）。

A. 3cm 左右

B. 4cm 左右

C. 5cm 左右

D. 2cm 左右

123. 在常见的艾灸法中，雀啄灸后的皮肤的颜色应是（　　）。

A. 微红

B. 红晕

C. 彤红

D. 紫红

二、判断题

(　　) 1. 企业文化的功能包括娱乐功能。

(　　) 2. 在职业活动中一贯地诚实守信会损害企业的利益。

(　　) 3. 要做到办事公道，在处理公私关系时，要公私不分。

(　　) 4. 修脚业有河北、山东、江苏三大流派。

(　　) 5. 骰骨和楔骨共同组成跗骨的远侧列。

(　　) 6. 跗骨骨骼名称有内侧楔骨、中间楔骨、外侧楔骨和骰骨。

(　　) 7. 足部的关节名称有距骨小腿关节和趾关节。

(　　) 8. 足弓没有保护血管作用。

(　　) 9. 肌肉是肌腹和肌腱共同组成的。

(　　) 10. 滑液囊只能向全身输送氧分。

(　　) 11. 足肌是由足背肌和足后侧肌组成。

(　　) 12. 足背肌是由趾短伸肌和踇短伸肌、踇长屈肌三部分组成。

(　　) 13. 腓骨长肌和腓骨短肌是足后侧肌的组成部分。

(　　) 14. 胫神经分布是在腘窝与动脉、静脉伴行。

(　　) 15. 在常见脚患类型中，触法是修脚师用工具对脚患进行治疗的方法。

(　　) 16. 在常见脚患类型中，物理性疾患是由外界刺激引起的。

(　　) 17. 在常见脚患类型中，瓦垄趾甲归为甲沟炎类。

(　　) 18. 在常见脚患类型中，牛角趾甲的甲板又硬又厚。

(　　) 19. 在常见脚患类型中，病变严重的鹰嘴趾甲可将趾甲末端挤成一个肉球。

（　　）20. 在常见脚患类型中，肉疔疔体呈圆形、浅粉色的软组织。

（　　）21. 在支脚法中有拇指支、食指支、中指支、双指支四种支法。

（　　）22. 在常见脚患类型中，坡刀抢专用于螺丝趾甲。

（　　）23. 在常见脚患类型中，立刀抢没有弧度问题。

（　　）24. 常见脚患类型中，平刀抢的出刀弧度一般是30°—40°夹角为度。

（　　）25. 抢术的第八个特点是吃刀要大小适当。

（　　）26. 在常见脚患类型中，坡刀断时刀刃面与趾甲的夹角是45°—50°。

（　　）27. 抹刀抢下刀要轻，随时发现肉舌、黑血刺，注意避开。

（　　）28. 雀啄灸一般5—10分钟，以皮肤红晕为度。

（　　）29. 雷火神针灸的三种方法都各具有特点。

（　　）30. 制粗艾绒1斤艾叶可制成9两，适用于任何灸法。

（　　）31. 懂得脚患知识就可以培训学员。

（　　）32. 高级修脚师要学会制定培训计划和讲述脚患的知识。

（　　）33. 意外事故的处理原则是不必惊慌、妥善处理。

（　　）34. 伤皮肉事故的处理应该用无菌沙布将伤口捏住，约5分钟止血后，用络活碘消毒，贴上创口贴。

（　　）35. 在Ⅰ—Ⅱ度烫伤事故的处理过程中，一定要包扎，以防感染。

（　　）36. 修治脚病过程中刀口出血的处理首先要用络活碘或安尔碘消毒创口。

（　　）37. 在修治脚病时遇到血疱，应先将血疱用纤指刀崩破放血，外涂红霉素软膏。

理论知识试题精选答案

一、单项选择

1. A　2. B　3. A　4. D　5. A　6. D　7. B　8. A　9. A
10. A　11. B　12. D　13. C　14. D　15. D　16. A　17. C　18. C
19. A　20. A　21. D　22. C　23. C　24. A　25. C　26. D　27. A
28. B　29. B　30. A　31. A　32. D　33. D　34. C　35. A　36. C
37. D　38. B　39. B　40. B　41. D　42. A　43. C　44. C　45. D
46. A　47. D　48. D　49. A　50. D　51. A　52. C　53. B　54. D
55. C　56. D　57. D　58. B　59. D　60. B　61. D　62. B　63. D
64. C　65. C　66. D　67. A　68. B　69. B　70. C　71. C　72. D
73. C　74. C　75. A　76. D　77. B　78. A　79. D　80. C　81. A
82. D　83. B　84. B　85. C　86. C　87. B　88. C　89. B　90. C
91. B　92. B　93. C　94. C　95. C　96. C　97. C　98. C　99. C
100. C　101. C　102. C　103. C　104. D　105. A　106. C
107. D　108. B　109. D　110. B　111. C　112. B　113. B
114. C　115. C　116. C　117. C　118. C　119. D　120. C
121. B　122. D　123. B

二、判断题

1. ×　2. ×　3. ×　4. √　5. √　6. √　7. √　8. ×　9. √
10. ×　11. ×　12. ×　13. √　14. √　15. ×　16. ×　17. ×
18. √　19. √　20. √　21. √　22. ×　23. ×　24. √　25. ×
26. √　27. √　28. √　29. ×　30. ×　31. ×　32. √　33. √
34. √　35. ×　36. √　37. ×

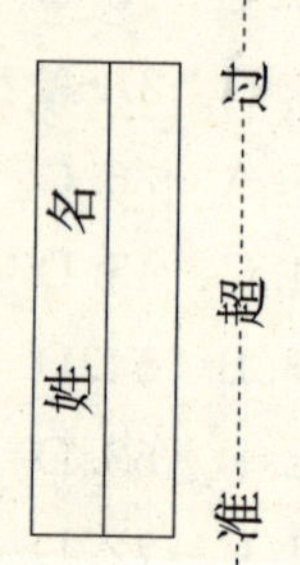
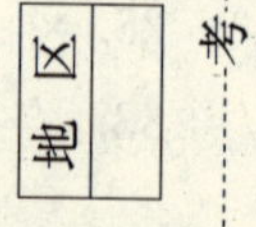

单位名称　姓名　准考证号　地区

考生答题不准超过此线

第五章　理论知识试卷样例

职业技能鉴定国家题库
修脚师（高级）理论知识试卷

注意事项

1. 考试时间：90分钟。

2. 请首先按要求在试卷的标封处填写您的姓名、准考证号和所在单位的名称。

3. 请仔细阅读各种题目的回答要求，在规定的位置填写您的答案。

4. 不要在试卷上乱写乱画，不要在标封区填写无关的内容。

	一	二	总分
得分			

得分	
评分人	

一、单项选择（第1题～第160题。选择一个正确的答案，将相应的字母填入题内的括号中。每题0.5分，满分80分。）

1. 职业道德是一种（　）的约束机制。

A. 强制性

试卷编号：04GL00000000－40708020030001　　第1页　共37页

B. 非强制性

C. 随意性

D. 自发性

2. 企业文化的功能不包括（　　）。

A. 激励功能

B. 导向功能

C. 整合功能

D. 娱乐功能

3. 下列选项中属于职业道德作用的是（　　）。

A. 增强企业的凝聚力

B. 增强企业的离心力

C. 决定企业的经济效益

D. 增强企业员工的独立性

4. 爱岗敬业的具体要求是（　　）。

A. 看效益决定是否爱岗

B. 转变择业观念

C. 提高职业技能

D. 增强把握择业的机遇意识

5. 下列关于诚实守信的认识和判断中，正确的选项是（　　）。

A. 一贯地诚实守信是不明智的行为

B. 诚实守信是维持市场经济秩序的基本法则

C. 是否诚实守信要视具体对象而定

D. 追求利益最大化原则高于诚实守信

6. 下列关于勤劳节俭的论述中，不正确的选项是（　　）。

A. 勤劳节俭能够促进经济和社会发展

B. 勤劳是现代市场经济需要的，而节俭则不宜提倡

C. 勤劳和节俭符合可持续发展的要求

D. 勤劳节俭有利于企业增产增效

7. 李延弼的《五言杂字》著于（　　）。

A. 宋代

B. 清代

C. 宋末元初

D. 晋代

8. 山东流派的范围指的是（　　）。

A. 以济南为中心，乃至到华北和东北

B. 开始在济南百里以内，后来南方各地也都有

C. 济南一带

D. 长江中下游和南方各地

9. 足骨是由（　　）组成的。

A. 跗骨、跖骨和舟骨

B. 跗骨、跖骨和趾骨

C. 跗骨、舟骨和楔骨

D. 跖骨、趾骨和距跟关节

10. 跗骨共有（　　）。

A. 8 块

B. 7 块

C. 14 块

D. 5 块

11.（　　）属于跗骨。

A. 跖骨

B. 趾骨

C. 踝骨

D. 跟骨

12. 第五跖骨底的外侧（ ）。

A. 突向前

B. 突向后

C. 突向里

D. 突向外

13. 踇趾具有2节，其余的各趾均为（ ）。

A. 3节，趾骨共14块

B. 2节，趾骨共12块

C. 2节，趾骨共15块

D. 1节，趾骨共6块

14. 趾骨是由（ ）骨骼组成。

A. 14块

B. 15块

C. 13块

D. 12块

15. 趾骨的特点是（ ）

A. 较粗短

B. 较细长

C. 细短

D. 粗而长

16. 足部关节包括（ ）。

A. 距骰关节

B. 距跖关节

C. 跖趾关节

D. 跗趾关节

17.（　　）属于足部关节。

A. 钩椎关节

B. 胸肋关节

C. 髋关节和桡尺关节

D. 趾关节和跖骨间关节

18. 横弓和（　　）组成足弓。

A. 内侧纵弓

B. 外侧纵弓

C. 内侧弓和足底弓

D. 纵弓

19.（　　）不是足弓的组成部分。

A. 跗骨

B. 趾骨

C. 跖骨

D. 韧带和肌腱

20. 足弓有（　　）作用。

A. 弹性

B. 减少接触面积

C. 增加摩擦

D. 减少摩擦

21. 肌肉的种类有（　　）。

A. 骨骼肌、长肌和短肌

B. 扁肌和平滑肌

C. 短肌和平滑肌

D. 骨骼肌、平滑肌和心肌

22. 肌肉的形态指的是（　　）。
A. 长肌和平滑肌
B. 短肌和心肌
C. 心肌和平滑肌
D. 长肌和短肌
23. 肌腹和（　　）共同组成肌肉。
A. 长肌
B. 短肌和心肌
C. 肌腱
D. 肌腱和筋膜
24. 长肌的功能是（　　）。
A. 收缩时能使“关节”产生运动
B. 能伸不能屈
C. 能收不能展
D. 能伸不能收
25. 滑液囊和腱鞘是（　　）的辅助结构。
A. 骨骼
B. 肌肉
C. 皮肤
D. 神经
26. 对滑液囊作用描述正确的是（　　）。
A. 滑液囊既能减少摩擦，又能向全身输送氧分
B. 滑液囊只能向全身输送氧分，不能减少摩擦
C. 滑液囊最大作用是减少摩擦
D. 滑液囊的作用是使肌肉伸展
27. （　　）不属于足肌组成部分。

A. 足背肌和足后侧

B. 足背肌和足底肌

C. 足底肌和足后侧肌

D. 趾短伸肌和腓骨长肌

28. 足背肌的组成部分有（　　）。

A. 趾短伸肌

B. 内侧群和外侧群

C. 跖方肌和蚓状肌

D. 骨间肌

29. 足后侧肌是由（　　）肌肉组成。

A. 5 块

B. 9 块

C. 2 块

D. 4 块

30. 足底肌内侧群的内容有（　　）。

A. 内侧群有踇展肌和踇短肌两项

B. 内侧群有踇展肌和小趾展肌、小趾屈肌

C. 内侧群有踇展肌和踇短屈肌、踇收肌共 3 项

D. 内侧群有跖方肌和蚓状肌

31.（　　）不属于胫神经分布。

A. 在腘窝与动脉、静脉伴行

B. 在小腿经比目鱼深面伴胫后动脉下降，过内踝后方

C. 在分裂韧带深面分为足底内侧神经和足底外侧神经

D. 胫神经损伤引起运动障碍是不能跖屈

32.“经过足背和趾背皮肤”，是对（　　）的描述。

A. 胫神经

B. 腓总神经

C. 既不是胫神经，也不是腓总神经

D. 足底内侧神经

33.（　　）不属于腓总神经损伤的表现。

A. 趾不能伸

B. 足不能背伸

C. 足下垂和内翻

D. 足不能跖屈

34. 不属于胫神经受损的表现是（　　）。

A. 足不能跖屈

B. 内翻力弱

C. 感觉障碍区主要在足背

D. 感觉障碍区主要在足底面

35. 足部血管是由足静脉和（　　）组成。

A. 足内侧动脉

B. 足底外侧动脉

C. 足动脉

D. 胫前动脉

36. 足动脉组成除了足底内侧动脉外还有（　　）。

A. 足外侧动脉和跖骨底动脉

B. 足外侧动脉和足背动脉

C. 胫后动脉

D. 胫前动脉

37.（　　）是足静脉组成部分。

A. 浅静脉

B. 足背静脉

C. 小隐静脉

D. 大隐静脉

38. 足前静脉弓的小隐静脉和大隐静脉共同组成了（　　）。

A. 足背静脉

B. 趾背静脉

C. 下肢浅静脉

D. 下肢深静脉

39.（　　）不属于足部经络组成。

A. 足三阳

B. 足三阴

C. 胃经和胆经

D. 心经和肺经

40. 大敦和期门是（　　）的起止穴。

A. 足阳明胃经

B. 足太阴脾经

C. 足太阳膀胱经

D. 足厥阴肝经

41. 对足厥阴肝经的作用，下列描述错误的是（　　）。

A. 可治偏头痛

B. 可治月经不调

C. 对胃胀、胃痛有一定效果

D. 胃胀跟肝经没有关系

42. 足少阴肾经的起止点分别是（　　）。

A. 起点涌泉，止点俞府

B. 起点俞府，止点涌泉

C. 起于睛明，止于至阴

D. 起于至阴，止于睛明

43. 大包穴是足太阴脾经的止点，它的起点是（ ）穴。

A. 承泣

B. 厉兑

C. 周荣

D. 隐白

44. 在常见脚患类型中，疔瘊疾患发生的部位是（ ）。

A. 皮下组织

B. 表皮组织

C. 脂肪组织

D. 肌肉组织

45. 在常见脚患类型中，“疔”的形状是（ ）。

A. 面小根大

B. 面窄根深

C. 细长带帽

D. 圆柱状

46. 修脚师在解答患者不合理的问题时要（ ）。

A. 不要乱说

B. 细心解释

C. 解释不清

D. 不说清楚

47. 在常见脚患类型中，下面不是脚患判断方法的是（ ）。

A. 看

B. 问

C. 摸

D. 听

48. 在常见脚患类型中，骑马垫形似（　）。

A. 马蹄状

B. 马腿状

C. 马脖状

D. 马鞍状

49. 在常见脚患类型中，下面不是骑马垫颜色的是（　）。

A. 青色

B. 淡青色

C. 乳白色

D. 淡黄色

50. 在常见脚患类型中，瓦垄趾甲的形状呈（　）状。

A. 房瓦

B. 圆木

C. 砖块

D. 滑梯

51. 在常见脚患类型中，肉垫核的高度是（　）。

A. 0.1—0.3mm 之间

B. 0.5—1.0mm 之间

C. 1.5—2.0mm 之间

D. 2.0—3.0mm 之间

52. 在常见脚患类型中，检查肉疔的深度与大小用的手法是（　）。

A. 按摸

B. 揉摸

C. 挤摸

D. 掐摸

53. 在常见脚患类型中，泡脚水的温度是（ ）。

A. 40℃—55℃

B. 20℃—30℃

C. 15℃—30℃

D. 55℃—60℃

54. 在常见脚患类型中，修治蒜皮垫时的持脚法是（ ）。

A. 推法

B. 挣法

C. 攥法

D. 按法

55. 下列关于蒜皮垫刀法的叙述错误的是（ ）。

A. 修治蒜皮垫可用反刀片法

B. 修治蒜皮垫可用正刀片法

C. 修治蒜皮垫用正、反刀片法都行

D. 修治蒜皮垫用正、反刀起法都不行

56. 在常见脚患类型中，持脚法拇指支法时，拇指的用力方向是（ ）。

A. 向左上方

B. 向左下方

C. 向前上方

D. 向右上方

57. 在常见脚患类型中，骑马垫长在右脚左侧时所用持脚法中的关键是（ ）。

A. 食指的捏力

B. 中指的压力

C. 小指的顶力

D. 拇指的支力

58. 在常见脚患类型中，食指支法时，拇指与中指的作用是（　　）。

A. 捏住患趾的左邻趾

B. 夹住串趾的左侧

C. 顶住患趾的左侧

D. 支开患趾的一侧

59. 下面叙述不正确的是（　　）。

A. 垫长在左脚趾缝左侧的用食指支法

B. 食指支法的作用是突出病变，有利于施术

C. 食指支法的关键是食指的支力

D. 垫长在左脚趾上面的用食指支法

60. 在持脚法的双指支法中，拇指和食指用的力度是（　　）。

A. 拇指力大

B. 食指力大

C. 时大时小

D. 均匀一致

61. （　　）不是骑马垫的修治刀法。

A. 片刀法

B. 立刀撕

C. 正刀起

D. 反刀起

62. 在常见脚患类型中，瓦垄趾甲的持脚法先用反捏法，再用（　　）。

A. 反捏法

B. 按捏法

C. 正捏法

D. 揉捏法

63. 在修治瓦垄趾甲时，最后修患甲周围的毛刺时所用的刀具是（　　）。

A. 片刀

B. 条刀

C. 抢刀

D. 轻刀

64. 在常见脚患类型中，术者用小卡法卡住患趾时，食指的方位是（　　）。

A. 在上

B. 在下

C. 在左

D. 在右

65. 在常见脚患类型中，小卡法时大拇指应放在患趾的（　　）。

A. 后端

B. 侧端

C. 前端

D. 上端

66. 修整瘊头趾甲不采用（　　）。

A. 立刀轻抢

B. 横断

C. 片刀法

D. 择净毛茬

67. 在常见脚患类型中，抢完牛角趾甲后，甲的厚度与正常甲相比应该是（　　）。

A. 比正常甲厚

B. 比正常甲薄

C. 与正常甲相当

D. 比正常甲厚或薄，也可能相同

68. 在修治鹰嘴趾甲第三个步骤应使用的刀法是（　　）。

A. 平刀抢法

B. 坡刀抢法

C. 立刀抢法

D. 立刀劈法

69. 在常见脚患类型中，挣法中撑开表皮的手指是（　　）。

A. 拇指与食指

B. 拇指与中指

C. 中指与食指

D. 拇指与小指

70. 在常见脚患类型中，把肉垫核上的垫去除干净后，在肉核上划口的目的是（　　）。

A. 易于切掉

B. 注入药物

C. 部分切除

D. 放血

71. 常见脚患类型中，修治肉疔时，将肉疔挖出的刀具是（　　）。

A. 青刀

B. 条刀

C. 抢刀

D. 片刀

72. 在常见脚患类型中，施用支脚法的目的是（　　）。

A. 使患部显露

B. 起治疗作用

C. 减轻疼痛

D. 使患者不动

73. 在常见脚患类型中，施用中指支法时，病患在脚的部位是（　　）。

A. 趾的上侧

B. 趾的下侧

C. 趾的两侧

D. 趾缝中间

74. 在常见脚患类型中，抢术中不是按刀身与病患上下距离分类的是（　　）。

A. 平刀抢

B. 盘旋抢

C. 抹刀抢

D. 坡刀抢

75. 在常见脚患类型中，抹刀抢的角度是（　　）。

A. 10°以下

B. 15°

C. 20°

D. 25°以上

76. 在常见脚患类型中，平刀抢时的刀身与坡刀抢相比较是

（　　）。

A. 平刀抢的刀身高

B. 两种刀法一样

C. 坡刀抢的刀身高

D. 以上说法都不对

77. 在常见脚患类型中，抢甲时刀身较平刀抢稍高的抢术是（　　）。

A. 立刀抢术

B. 坡刀抢术

C. 平刀抢术

D. 抹刀抢术

78. 在常见脚患类型中，抢术中角度最高的抢法是（　　）。

A. 平刀抢

B. 立刀抢

C. 坡刀抢

D. 抹刀抢

79. 在常见脚患类型中，下列关于盘旋抢术的说法错误的是（　　）。

A. 专用于螺丝趾甲

B. 专用于牛角趾甲

C. 抢的角度同平刀抢

D. 与其他抢法不同

80. 在常见脚患类型中，平刀抢薄后的目的是（　　）。

A. 为拔甲作准备

B. 为放血作准备

C. 为横断作准备

D. 为片术作准备

81. 在常见脚患类型中，叙述坡刀抢法错误的是（　　）。

A. 坡刀抢是把患甲抢平

B. 坡刀抢的是较硬较厚的病甲

C. 坡刀抢主要是抢断甲缘

D. 坡刀抢的角度是 25°

82. 在常见脚患类型中，盘旋抢的刀身角度与立刀抢相比较是（　　）。

A. 盘旋抢的角度大

B. 盘旋抢的角度小

C. 一样大

D. 以上都不对

83. 在常见脚患类型中，抢术中除盘旋抢外，其他抢法的方向是（　　）。

A. 由左向右抢

B. 由后向前抢

C. 由前向后抢

D. 由右向左抢

84. 在常见脚患类型中，食指用的力主要是（　　）。

A. 提力

B. 顶力

C. 压力

D. 托力

85. 在常见脚患类型中，用抢法要分片转着抢，不能（　　）。

A. 直着抢

B. 转着抢

C. 一刀抢通

D. 全部抢断

86. 在常见脚患类型中，抢通较小病变时可（　　）。

A. 不抢

B. 分片抢通

C. 一刀抢通

D. 改变刀法

87. 在常见脚患类型中，平刀抢右刀尖着实时，刀刃面与趾甲面形成的夹角是（　　）。

A. 25°

B. 35°

C. 45°

D. 55°

88. 常见脚患类型中，平刀抢时随着向左的进展，刀身的角度（　　）。

A. 不能改变

B. 逐渐变大

C. 逐渐变小

D. 变为零

89. 在常见脚患类型中，立刀抢第三步抢（　　）。

A. 两侧

B. 左侧

C. 右侧

D. 中间

90. 在常见脚患类型中，立刀抢用里合刀时，刀刃面与趾甲面的夹角是（　　）。

A. 60°

B. 70°

C. 80°

D. 90°

91. 在常见脚患类型中，立刀抢第一步抢左侧时，外合刀刀刃面与趾甲面的夹角是（　　）。

A. 80°

B. 70°

C. 60°

D. 50°

92. 在常见脚患类型中，分层抢时先抢（　　）。

A. 上层

B. 下层

C. 后层

D. 前层

93. 在常见脚患类型中，在分片抢薄时，分界线的依据是（　　）。

A. 黄色与白色

B. 黄色与褐色

C. 红色与白色

D. 红色与黄色

94. 在常见脚患类型中，坡刀抢时要注意，因抢的刀口大，所以要（　　）。

A. 吃刀稳

B. 吃刀准

C. 吃刀多

D. 吃刀少

95. 在常见脚患类型中，挑着抢的出刀方法有一定的（　　）。

A. 方向和力度

B. 力量和速度

C. 挑力和弧度

D. 肘力和指力

96. 在常见脚患类型中，平刀抢的出刀弧度是（　　）。

A. 15°—30°

B. 30°—40°

C. 40°—50°

D. 50°—60°

97. 在常见脚患类型中，抹刀抢挑的力度（　　）。

A. 较大

B. 一般

C. 较小

D. 较重

98. 在常见脚患类型中，坡刀抢挑时的出刀弧度是（　　）。

A. 20°

B. 30°

C. 37°

D. 46°

99. 下面盘旋抢挑时入刀弧度正确的是（　　）。

A. 50°

B. 40°

C. 35°

D. 20°

100. 在抢术中，对甲内分界线要准，利用各刀的宽、窄、深浅、角度一致同时要（　　）。

A. 逆向操作

B. 一抢到底

C. 一茬压一茬

D. 原茬抢平

101. 在常见脚患类型中，抢术中对各刀法的具体要求是（　　）。

A. 部分相同

B. 部分不同

C. 完全相同

D. 完全不同

102. 在常见脚患类型中，下面是平刀抢入刀深度的是（　　）。

A. 1mm

B. 0. 3mm

C. 2mm

D. 3mm

103. 在常见脚患类型中，抹刀抢每刀揽宽是（　　）。

A. 5. 5—6. 0mm

B. 3. 5—4. 5mm

C. 2. 0—3. 0mm

D. 1. 5—2. 0mm

104. 在常见脚患类型中，下面坡刀抢的入刀深度中错的是

（　　）。

A. 1. 1—1. 3mm

B. 4. 6—5. 5mm

C. 1. 2—1. 4mm

D. 1. 0—1. 5mm

105. 在常见脚患类型中，立刀抢第三步最后一、二层时，每刀的深度是（　　）。

A. 2. 0—1. 5mm

B. 1. 0—1. 5mm

C. 0. 05—0. 08mm

D. 1. 0—2. 0mm

106. 在常见脚患类型中，盘旋抢的揽宽是（　　）。

A. 4. 0mm

B. 1. 0mm

C. 3. 0mm

D. 2. 0mm

107. 在常见脚患类型中，断术的第二种手法是（　　）。

A. 平刀抢

B. 立刀断

C. 坡刀断

D. 坡刀抢

108. 下面所述立刀断入刀时刀刃面与趾甲的成角错误的是（　　）。

A. 81°—83°

B. 71°—79°

C. 82°—84°

D. 80°—85°

109. 在断术中，转，就是走刀过程中，用拇指的推力从右向左（　　）。

A. 捏着进刀

B. 推着进刀

C. 转着进刀

D. 按着进刀

110. 在常见脚患类型中，劈术是修治患甲时的（　　）。

A. 重要刀法

B. 诊断方法

C. 错误刀法

D. 持脚方法

111. 在常见脚患类型中，用劈刀法竖断时的刀具是(　　)。

A. 抢刀

B. 轻刀

C. 片刀

D. 条刀

112. 在常见脚患类型中，合刀劈时刀尖向里倾的是(　　)。

A. 里合刀劈

B. 外合刀劈

C. 立刀劈

D. 坡刀起

113. 在常见脚患类型中，立刀劈入刀时刀刃的角度是（　　）。

A. 垂直立起

B. 向左偏倾

C. 向右偏倾

D. 平行横断

114. 在常见脚患类型中，平刀抢趾甲时抢的过薄，患者在走路时的感觉是（　　）。

A. 痒感

B. 酸胀感

C. 麻木感

D. 痛感

115. 在常见脚患类型中，坡刀抢遇到逆茬时一定要注意（　　）。

A. 多吃刀

B. 不吃刀

C. 转刀

D. 少吃刀

116. 在常见脚患类型中，劈术易伤及甲内肌肉，操作时要注意（　　）。

A. 不走线外

B. 可走线外

C. 避开青线

D. 走青线内

117. 艾灸法包括（　　）。

A. 冷灸、湿灸

B. 条目灸、艾柱灸

C. 温针灸、温灸器灸

D. 太甲针灸、木灸

118. 在施瘢痕灸时患者感觉疼痛，医者用手在灸部轻轻拍打的目的是（　　）。

A. 感受疼痛

B. 减少疼痛

C. 缓解疼痛

D. 增加疼痛

119. 下面关于雀啄灸的叙述错误的是（　　）。

A. 点燃艾条，对准患部施灸

B. 雀啄灸类似小鸟啄食一样

C. 雀啄灸时一起一落

D. 雀啄灸时的远近距离相同

120. 在常见的艾灸法中，雀啄灸灸治一次的时间为（　　）。

A. 5—10 分钟

B. 11—15 分钟

C. 12—18 分钟

D. 15—20 分钟

121. 在常见的艾灸法中，隔姜灸时所用的姜片的厚度是（　　）。

A. 0.3—0.4cm

B. 1.0—1.5cm

C. 1.8—2.0cm

D. 2.0—3.0cm

122. 在常见的艾灸法中，温和灸时艾条与穴位皮肤的距离是（　　）。

A. 3cm 左右

B. 2cm 左右

C. 5cm 左右

D. 4cm 左右

123. 在常见的艾灸法中，温和灸每次灸的穴数是（　　）。

A. 6—8 穴

B. 3—5 穴

C. 10—15 穴

D. 16—18 穴

124. 在常见的艾灸法中，隔盐灸所用的细砂盐要用铁锅（　　）。

A. 炒热

B. 炒温

C. 炒烫

D. 炒红

125. 在常见的艾灸法中，雷火神针第一种灸法在灸治穴位上所盖棉布的层数是（　　）。

A. 1—3 层

B. 5—7 层

C. 8—10 层

D. 10—15 层

126. 在常见的艾灸法中，太乙神针灸与雷火神针灸在操作方法上是（　　）。

A. 不同的

B. 相同的

C. 相反的

D. 相克的

127. 灸治疱疹型脚气时，患者双脚的体位是（　　）。

A. 竖起直立

B. 放平分开

C. 放平横卧

D. 侧卧放平

128. 灸治扁平瘊时，患者的体位根据患病部位不同，采取（ ）。

A. 相应体位

B. 仰卧体位

C. 站立体位

D. 随意体位

129. 艾叶的功用是（ ）。

A. 利阴气，通十二经气血

B. 消炎、利水、祛风湿

C. 安神、镇静、安眠

D. 止痛、降压作用

130. 每斤艾叶制成细艾绒的重量是（ ）。

A. 0—1 两

B. 6—7 两

C. 4—5 两

D. 2—3 两

131. 制作艾卷时，每支所用艾绒的重量是（ ）。

A. 20 克

B. 30 克

C. 15 克

D. 10 克

132. 用艾绒做成的，一种上尖下平的小团，称为（ ）。

A. 艾炷

B. 艾条

C. 艾卷

D. 艾绒

133. 在常见脚患类型中，糜烂型脚气的症状是（　　）。

A. 湿润发红、表皮湿渍

B. 潮湿发白、表皮浸渍

C. 趾间腐臭

D. 渗出脓液

134. 在一套完整的培训教案中，培训教案的第二部分内容是（　　）。

A. 常见脚病的修治方法

B. 常见脚病的诊断

C. 修脚技术的基础知识

D. 修脚技术的发展史

135. 修治脚病工作如果不严格的按照操作规程操作即会发生（　　）。

A. 意外事故

B. 晕刀

C. 烫伤

D. 交叉感染

136. 在修治脚患伤及皮肉时，伤口较大的应（　　）。

A. 用胶布贴上止血

B. 用冷水洗净止血

C. 用绷带包扎

D. 用无菌沙布将伤口捏住压迫止血

137. Ⅰ度烫伤的处理应该（　　）。

A. 用清洁的冷水冲洗烫伤部位约半小时

B. 用电吹风吹烫伤局部

C. 用干净毛巾包裹

D. 用按摩法进行局部按摩

138. 下列不会造成出血事故的是（　　）。

A. 修治脚病技术不熟练

B. 修治脚病过程中违反常规

C. 修治脚病过程中滑刀

D. 修治脚病前已有出血

139. 在常见脚患类型中，处理血疱时应（　　）。

A. 先消毒

B. 先刺破

C. 先涂药膏

D. 直接包扎

140. 接触性皮炎的患者中，轻者的症状是（　　）。

A. 红斑丘疹、搔痒或刺痛

B. 鳞屑型皮疹使皮肤搔痒

C. 边缘清淡的片疙瘩

D. 黑斑

141. 可以修治脚病的人群包括（　　）。

A. 足部有开放性损伤或血管神经吻合术者

B. 体质虚弱、经不起手术、有严重恐惧心理

C. 极度疲劳、醉酒后神志不清

D. 糜烂型脚气

142. 制作修脚模型除用竹板外，还可用（　　）。

A. 可以用牛角或羊角制作

B. 可以用鹿角制作

C. 可以用鳖甲制作

D. 可以用龟板制作

143. 教案书写首先要明确（ ）。

A. 目的要求

B. 范围大小

C. 语句长短

D. 文字要求

144. 不是支脚法演示内容的是（ ）。

A. 拇指支

B. 食指支

C. 中指支

D. 一指支

145. 演示卡脚法就是演示（ ）。

A. 大卡法、小卡法

B. 前卡法、后卡法

C. 上卡法、下卡法

D. 左卡法、右卡法

146. 在常见持脚法中，拢法为（ ）。

A. 单手拢

B. 双手拢

C. 两指拢

D. 拇指拢

147. 演示捏脚法要讲明的内容是（ ）。

A. 手与脚的动作要领

B. 正捏法与挖鸡眼的关系

C. 反捏法与治脚气的关系

D. 按捏法与片脚垫的动作

148. 不是初级修脚师刀法演示内容的刀法是（　　）。

A. 抢、择

B. 挫、片

C. 刮、起

D. 择、挫

149. 演示器械消毒要明确（　　）。

A. 开启、使用、操作顺序、要领、关闭

B. 开启、码放、消毒、整理、关闭

C. 码放物品、开启器械、关闭器械

D. 开启、码放物品顺序、关闭器械

150. 足部按摩演示除手法外还要讲的内容是（　　）。

A. 施力的部位

B. 脚垫与疾病

C. 脚掌的颜色

D. 足心痛的治疗

151. 不属于常见脚病修治的教学要点的是（　　）。

A. 治疗脚病原则及手法

B. 脚病的病因、病理及治疗手法

C. 刀术在治疗脚病中的概念

D. 足疗在脚病中的作用

152. 下面是常见脚病的教学内容的是（　　）。

A. 症状、病理知识、诊断技术知识

B. 生理解剖知识

C. 力学对于足弓的作用

D. 经络学说与脚病的关系

153. 造成意外事故是由于（　　）。

A. 修脚师粗心

B. 患者不自觉

C. 脚病太复杂

D. 室内环境不好

154. 常见脚病教学目的是使学员掌握（　　）。

A. 与本技术有关的解剖知识、检查法、适应症、禁忌症

B. 与本技术有关的解剖知识、经络知识、指腕功

C. 持脚法、持刀法、治疗法、治疗范围

D. 治疗范围、治疗经过、治疗结果

155. 足部保健的培训目的是（　　）。

A. 使学员明白足部保健的目的

B. 使学员相互学习的机会

C. 使学员能做足底保健

D. 使学员能做中立中艾灸

156. 培训意外事故防范的目的是（　　）。

A. 避免造成意外事故

B. 熟练掌握修脚技术

C. 避免超过“青线”

D. 练好基本功

157.（　　）不是化学消毒法的是。

A. 浸泡法

B. 喷雾法

C. 擦拭法

D. 蒸气消毒

158. 常用化学消毒剂中，中效的有（ ）。

A. 乙醇、碘伏

B. 碘酊、戊二醛

C. 洗必泰、优氯净

D. 新洁尔灭

159. 碘酊在应用于消毒时，正确的浓度是（ ）。

A. 5%

B. 4%

C. 3%

D. 2%

160. 用碘酊皮肤消毒后，再用酒精（ ）。

A. 消毒

B. 脱碘

C. 脱敏

D. 脱色

得 分	
评分人	

二、判断题（第161题～第200题。将判断结果填入括号中。正确的填“√”，错误的填“×”。每题0.5分，满分20分。）

（ ）161. 员工在职业交往活动中，尽力在服饰上突出个性是符合仪表端庄具体要求的。

（ ）162. 市场经济条件下，根据服务对象来决定是否遵守承诺并不违反职业道德规范中关于诚实守信的要求。

（ ）163. 要做到办事公道，在处理公私关系时，要公私不分。

（　　）164. 市场经济时代，勤劳是需要的，而节俭则不宜提倡。

（　　）165. 修脚业有河北、山东、江苏三大流派。

（　　）166. 河北修脚技术水平较高，从泡脚到修脚的手法较精细，刮脚也是它的另一特色。

（　　）167. 长肌和短肌都是肌肉存在的一种形态。

（　　）168. 在常见脚患类型中，触法是修脚师用工具对脚患进行判断的方法。

（　　）169. 在常见脚患类型中，判断脚患时，用看、问法直接做出判断。

（　　）170. 在常见脚患类型中，修脚专业中脚病的范围包括脚部所有的疾病。

（　　）171. 在常见脚患类型中，物理性疾患是由挤压、扎、碰、砸等外伤引起的。

（　　）172. 修脚师解答患者提问时，态度要和蔼。

（　　）173. 修脚师应对脚患做出正确的判断，并定出相应的修治方案。

（　　）174. 在常见脚患类型中，骑马垫生长的部位一般是三、四趾之间。

（　　）175. 在常见脚患类型中，骑马垫汗脚时的颜色是淡青色。

（　　）176. 在常见脚患类型中，瓦垄趾甲在摸的时候没有痛感。

（　　）177. 在常见脚患类型中，病变严重的鹰嘴趾甲可将趾甲末端挤成一个肉球。

（　　）178. 在常见脚患类型中，肉疔疔体呈圆形、浅粉色的软组织。

（　　）179. 拇指支法中拇指的作用是，顶住患部顶端，用力向上方支开。

（　　）180. 在常见脚患类型中，挣推法是为了撑开表皮，露出患部。

（　　）181. 在常见脚患类型中，坡刀抢的角度是25°。

（　　）182. 在常见脚患类型中，抢法第五个特点是看准青线，搞清分界线。

（　　）183. 断术第一种手法是立刀断，第二种是坡刀断。

（　　）184. 在断术中，转着进刀不能偏离青线，同时，左手持脚要配合动作，随刀转走。

（　　）185. 雀啄灸一般5—10分钟，以皮肤红晕为度。

（　　）186. 温和灸时将艾条一端点燃靠近施灸部位，距离是12cm左右。

（　　）187. 在常见的艾灸法中，在温和灸时，为了保持艾条与皮肤的距离固定不移，手掌放于施灸穴位附近的皮肤上，做为支撑点。

（　　）188. 在修治趾甲病变时，遇到血疱应将趾甲修完之后再对血疱消毒，用纤指刀崩破放血，刀孔用络活碘消毒，外涂红霉素软膏。

（　　）189. 教具的制作可以将典型脚患用照相机拍摄后与专业人员制成幻灯片，在教学中放影给学员看，增加学员的直观感受。

（　　）190. 演示捏脚法主要是演示捏脚。

（　　）191. 演示初级刀法的内容要点是演示抢、择、挫、片的刀法，如何使用。

（　　）192. 演示器械消毒的内容要点是如何开启、使用及关闭消毒器械，讲清操作顺序及要领。

（　　）193. 足部保健的教学要点包括足针、刮脚。

（　　）194. 足部保健培训目的是增强自我保健意识。

（　　）195. 煮沸消毒时的水温要达到 100℃。

（　　）196. 在水中加上碳酸氢钠，沸点可达 100℃。

（　　）197. 日光由于有其热、干燥和紫外线的作用，所以有很好的杀菌能力。

（　　）198. 高效碘酊用 2%的浓度用于皮肤消毒。

（　　）199. 先用 2%碘酊皮肤擦拭消毒 20 秒后，再用 75%酒精脱碘。

（　　）200. 在常见的消毒剂中，戊二醛属于高效灭菌剂。

职业技能鉴定国家题库
修脚师（高级）理论知识试卷答案

一、单项选择（第 1 题～第 160 题。选择一个正确的答案，将相应的字母填入题内的括号中。每题 0.5 分，满分 80 分。）

1. B　2. D　3. A　4. C　5. B　6. B　7. B　8. C　9. B　10. B
11. D　12. B　13. A　14. A　15. A　16. C　17. D　18. D　19. C
20. A　21. D　22. D　23. C　24. A　25. B　26. C　27. D　28. A
29. A　30. C　31. D　32. B　33. D　34. C　35. C　36. B　37. A
38. C　39. D　40. D　41. D　42. A　43. D　44. B　45. C　46. B
47. D　48. D　49. D　50. A　51. B　52. D　53. A　54. C　55. D
56. D　57. D　58. A　59. D　60. D　61. B　62. C　63. B　64. A
65. D　66. C　67. C　68. C　69. A　70. D　71. B　72. A　73. D
74. B　75. A　76. C　77. B　78. B　79. B　80. C　81. C　82. B
83. C　84. B　85. C　86. C　87. C　88. C　89. C　90. C　91. C
92. C　93. C　94. C　95. C　96. B　97. C　98. C　99. C　100. D
101. D　102. B　103. D　104. B　105. C　106. B　107. C
108. B　109. C　110. A　111. B　112. A　113. A　114. D
115. D　116. A　117. C　118. C　119. D　120. A　121. A
122. B　123. B　124. A　125. B　126. B　127. B　128. A
129. A　130. D　131. A　132. A　133. B　134. C　135. A
136. D　137. A　138. D　139. A　140. A　141. D　142. A
143. A　144. D　145. A　146. A　147. A　148. C　149. A
150. A　151. D　152. A　153. A　154. A　155. A　156. A

157. D　158. A　159. D　160. B

二、判断题（第 161 题～第 200 题。将判断结果填入括号中。正确的填“√”，错误的填“×”。每题 0.5 分，满分 20 分。）

161. ×　162. ×　163. ×　164. ×　165. √　166. ×　167. √
168. √　169. ×　170. ×　171. √　172. √　173. √　174. ×
175. ×　176. ×　177. √　178. √　179. √　180. √　181. √
182. √　183. √　184. √　185. √　186. ×　187. √　188. √
189. √　190. ×　191. √　192. √　193. ×　194. ×　195. √
196. ×　197. √　198. √　199. √　200. √